Herzlichst
für Bernt

gedacht als großes
Familienzigbuch
der Familie
Lüdtecke

Jörga werd!

Bianca
Bad ♡

Bernard
Nic

Beni
K

Die Couplet-AG

Die ersten 20 Jahre

Die ersten 20 Jahre

Couplets & Szenen

herausgegeben
von
Jürgen Kirner und Bernhard Gruber

Volk Verlag

Die Deutsche Bibliothek verzeichnet diese Publikation in der Deutschen Nationalbibliografie; detaillierte bibliografische Daten sind im Internet über http://dnb.ddb.de abrufbar.

© 2014 by Volk Verlag München
Streitfeldstraße 19; 81673 München
Tel. 089 / 420 79 69 80; Fax 089 / 420 79 69 86

Notensatz: Bernhard Gruber
Druck: fgb, freiburger graphische betriebe
Alle Rechte, einschließlich derjenigen des auszugsweisen Abdrucks sowie der fotomechanischen Wiedergabe, vorbehalten.

ISBN 978-3-86222-126-4
www.volkverlag.de

Inhalt

Braucht's des?

Jetzt auch noch ein Buch? Braucht's des wirklich, werden Sie sich vielleicht fragen. Ja, des braucht's, finden wir!

In den vergangenen Jahren wurden wir immer öfter nach Noten und Texten zu unseren Liedern und Szenen gefragt. Deshalb nehmen wir jetzt unser Jubiläum zum Anlass, die schönsten und erfolgreichsten Couplets, Szenen, Monologe und Dialoge aus zwanzig Jahren Couplet-AG zwischen zwei Buchdeckeln zusammenzufassen. Dabei geht es uns nicht so sehr darum, unser Schaffen zu dokumentieren, sondern vor allem darum, das Couplet lebendig zu erhalten, das Interesse der jüngeren Generation an dieser alten Liedform zu wecken und unsere eigene Begeisterung weiterzugeben.

Mittlerweile ist die Couplet-AG das „dienstälteste, nicht verwandte und nicht verschwägerte" Musikkabarett-Ensemble Bayerns. Im Jahr 1991 von Jürgen Kirner als dreiköpfige Gruppe *Der Couplet-Wahnsinn* gegründet, erfolgte durch eine Erweiterung der Besetzung im Jahr 1993 die eigentliche Geburtsstunde mit Jürgen Kirner, Anna M. Spies, Hans Dettendorfer und Bernhard Gruber. Drei Jahre später kam mit der ersten CD *Und ewig lockt die Weißwurst* auch die Namensänderung: *Die Couplet-Arterhaltungs-Gesellschaft*, kurz *Die Couplet-AG*.

Mit bissiger Satire und hinterfotzigen Couplets konnten wir erfolgreich eine eigene Nische in der süddeutschen Kabarettlandschaft besetzen: Eingängige Lieder gepaart mit kabarettistischen Szenen – ganz in der großen Tradition der Münchner Volkssänger, ausgezeichnet unter anderem mit dem *Bayerischen Kabarettpreis* und dem *Bayerischen Poetentaler*.

Nach dem Weggang von Anna M. Spies im Jahr 2009 sowie Hans Dettendorfer im Jahr 2012 gehören zur Couplet-AG – neben den Gründungsmitgliedern Jürgen Kirner und Bernhard Gruber – Bianca Bachmann und Bernhard Filser, der im August 2013 Andreas Lipperer an der Gitarre nachfolgte.

Ideengeber und Textautor der mittlerweile zehn Couplet-AG-Programme ist Jürgen Kirner (u. a. Mitglied der Münchner Turmschreiber), die Kompositionen und Arrangements stammen von Bernhard Gruber.

Ein herzlicher Dank geht an Florian Burgmayr für die Durchsicht der Noten, an Ralf Bumann und Katja Sebald für die Gestaltung des Buches und nicht zuletzt an Michael Volk, der dieses Buch erst ermöglicht hat.

Und Ihnen wünschen wir jetzt viel Vergnügen beim Mitsingen, Nachsingen, Nachlesen unserer Lieder und Szenen.

Herzlichst
Jürgen Kirner und Bernhard Gruber

München, im Herbst 2013

Kleine Gebrauchsanweisung

In der (ober-)bayerischen Volksmusikpflege des 20. Jahrhundert war das Couplet lange Zeit verpönt und geächtet. Es passte nicht in die romantische Alm- und Bergwelt, zumal es als Bühnenlied meist mit kommerziellem Hintergrund gesungen wurde. In den 1990er Jahren war die Couplet-AG eine der wenigen Gruppen, die sich dieser Liedform annahm und die einzige, die sie schließlich auch neu belebte und weiterentwickelte. Mittlerweile ist das Couplet wieder fester Bestandteil im Repertoire vieler Gesangsgruppen.

In unserer Anfangszeit verfasste Jürgen Kirner zu überlieferten Couplet-Melodien neue, tagesaktuelle Texte. „Klassiker" wie *Geh peitsch mi* oder *A Glaserl Eigenurin* zählen dazu. Nachdem es immer schwieriger wurde, brauchbare Original-Melodien zu finden, begann Bernhard Gruber, für die Texte von Jürgen Kirner eigene, „maßgeschneiderte" Melodien zu komponieren. Den Anfang machte *Nehman S' an Alten* (1994) – eine Neuvertonung des von Jürgen Kirner bearbeiteten Otto-Reutter-Textes. Bisher entstanden weit über hundert Titel, von denen hier eine Auswahl zu finden ist.

Für die Vortragsweise des Couplets ist folgendes zu beachten: Der Text und der Vortrag stehen im Vordergrund, die Musik dient zur Untermalung. Deshalb wollen unsere Texte auch keine verstaubten Museumsstücke sein, sondern dürfen und sollen auch immer wieder verändert und den aktuellen Gegebenheiten angepasst werden.

Oft werden Couplets im Stil des alpenländischen Drei- oder Viergesangs gesungen: Alle Sänger unbeweglich nebeneinander, die Hände auf dem Rücken oder vor dem Bauch. Dadurch verliert ein Couplet aber seinen speziellen Charakter und seine „Seele". Ein Couplet muss leben! Es muss „gespielt", d.h. schauspielerisch und szenisch umgesetzt werden. Gestik und Mimik gehören unabdingbar dazu, ebenso die Interaktion mit dem Publikum. Es darf kein musikalisches Hochamt zelebriert werden, sondern die eigene Lebensfreude und Spiellust muss an die Zuhörer weitergegeben werden. Einleitende Szenen und Dialoge gehören deshalb dazu – viele davon sind ebenfalls hier im Buch zu finden.

In unseren Liedtexten findet sich immer wieder der Hinweis „gesprochen". Diese Sprechstellen sind ein wichtiges Mittel, um das Publikum direkt einzubinden. Die Musik spielt währenddessen weiter – sei es als improvisiertes Zwischenspiel oder nur als einfache rhythmische Begleitung.

Die meisten unserer Lieder sind einstimmig notiert, vor allem wenn es sich um solistische Typencouplets handelt. Eine zusätzliche Stimme kann leicht ergänzt werden, allerdings gilt es hinsichtlich der Mehrstimmigkeit unbedingt darauf zu achten: Ein Couplet ist kein Volkslied mit dreistimmigen Satz! Ansonsten wird das Anarchische und Wuchtige „wegharmonisiert" und ein lauer Abklatsch entsteht. Wir singen deshalb die meisten Lieder unisono oder zweistimmig mit Bass-Stimme. Der Vortrag wird zusätzlich lebendiger und interessanter, wenn einzelne Textzeilen im Wechsel solistisch oder zu zweit gesungen werden und nicht durchgängig von allen gemeinsam. Damit wird zusätzlich Dynamik und Dramatik erzeugt.

Die Noten wurden im Hinblick auf eine möglichst einfache Sing- und Spielbarkeit gesetzt, deshalb wurde oft von unserer Originaltonart abgewichen. Wir empfehlen Ihnen, die Lieder so zu transponieren, dass sie Ihrem eigenem Tonumfang entsprechen.
Die Vor- und Zwischenspiele sind nur in besonderen Fällen notiert. Hier ist die Kreativität der jeweiligen Musiker gefordert.

Die Standardinstrumentierung der Couplet-AG besteht aus einer diatonischen Harmonika (C-F-B-Es bzw. B-Es-As-Des) sowie einer Konzertgitarre. Durch die Zusammenarbeit mit Hans-Christian Müller (*Man spricht deutsh*) kamen nicht nur neue Rhythmen (*Gilbert der Rammler, Putten chippen, Beamtenpatenschaften* u. a.), sondern auch weitere Instrumente wie Blues-Harp und Westerngitarre dazu. Sogar E-Gitarre und E-Bass kommen heute immer wieder mal zum Einsatz. Die Instrumentierung der Lieder ist nur in einzelnen Fällen angegeben, Ihrer eigenen Kreativität sind hier ebenfalls keine Grenzen gesetzt.

Bis auf die traditionellen Originalcouplets sind alle vorliegenden Titel urheberrechtlich geschützt. Öffentliche Aufführungen sowie Bild- und Tonaufnahmen müssen deshalb bei der GEMA angemeldet werden. Die entsprechenden Urheberangaben finden Sie im Anhang.

Es ist angerichtet

Servus beinand

1. Schö-ne, Schia-che und Mo-del-le, T-Shirt-Trä-ger made by Quel-le,

Dum-me, Di-cke, Dün-ne, Gschei-de, Kli-ma-ka-ta - stroph-be-rei-te,

Fal-sche Fuchz-ger und die Ban-ker, G'richts-voll-zie-her, Ra-dl-len-ker,

die den Auf-schwung schon ge-sehn und zur Münch-ner Ta-fel gehn.

Die Spie-gel- und die Sprin-ger-le-ser

und die C - S - U-Ver-we-ser, die das O-ra-kel schon be-fragt,

wie lang's da See-ho - fer noch packt.

Leut, die no beim Li-dl kau-fa,
Lö-wen-bräu-bier sau-fa, al-le sans heut do!
Frei-bier - lät-schn, Jä-ger - mei-ster, schwu-le Bür-ger-mei-ster,
ja, was gibt's denn no? 2. Rau-cher, Bay-ern - fans, G - 8-ler,
mi-li-tan-te Chiem-gau-tracht-ler, Zsam-ma-zwi-ckte und ganz Off-ne,
Ra-sen-mä-her - lärm-be-troff-ne, Ro-te, Schwar-ze, Grü-ne, Gel-be,
Leut, de jeds-mal wähln das Sel-be, Pa-zi-fi-sten, ganz Va-re-ckte
und vom B-N-D ge-check-te, Är-zte und die In-sol-ven-ten
und die Kran-ken-kass-pa-tien-ten!

Schnar-cher, Auf-ge - we-ckte, Nock-her-berg-Der - ble-ckte, al - le sans heut do!

Weih - was-ser - sprit-zer, Ro-sen - kranz-ler,

und die End - darm - schwanz - ler, mia fan-gan jet-zat o!

1. Schöne, Schiache und Modelle,
   T-Shirt-Träger made by Quelle,
   Dumme, Dicke, Dünne, Gscheide,
   Klimakatastroph-Bereite,
   Falsche Fuchzger und die Banker,
   G'richtsvollzieher, Radllenker,
   die den Aufschwung schon gesehn
   und zur Münchner Tafel gehn.

   Die Spiegel- und die Springerleser
   und die CSU-Verweser,
   die das Orakel schon befragt,
   wie lang's der Seehofer noch packt.

Leit, die no beim Lidl kaufa,
Löwenbräu-Bier saufa,
alle sans heut do!
Freibierlätschn, Jägermeister,
schwule Bürgermeister,
ja was gibt's denn no?

2. Raucher, Bayernfans, G8-ler,
militante Chiemgautrachtler,
Zsammazwickte und ganz Offne,
Rasenmäherlärmbetroffne,
Rote, Schwarze, Grüne, Gelbe,
Leit, de jedsmal wähln dasselbe,

Pazifisten, ganz Vareckte
und vom BND gecheckte,
die Ärzte und die Insolventen
und die Krankenkass-Patienten.

Schnarcher, Aufgeweckte,
Nockherberg-Derbleckte,
alle sans heut do!
Weihwasserspritzer, Rosenkranzler,
und die Enddarmschwanzler,
mia fangan jetzat o.

Schöne, Schiache und Modelle ...

... mia fangan jetzat o.

Von Bofrost-Kindern und Latte-Macchiato-Müttern

Wir sind alle Bofrost-Kinder

Bofrost-Kinder

1. Frü-her, als wir Ba-bies wa-ren, fiel das Gan-ze nie-mand auf. Doch im

Lau-fe mit den Jah-ren sahn wir al-le ähn-lich aus: Na-sen,

Au-gen, Oh-ren, Haa-re und ein brei-tes Dop-pel-kinn. Das ist

si-cher doch kein Zu-fall, da-rin liegt ein tief-rer Sinn. Mia san

al-le vom sel-ben Vier-tel und sind Kin-der vom Bo-frost-Mann. Ke-vin,

U-gur und die Bir-te, Pa-pa ist der Bo-frost-Mann.

Schluss

Bo-frost macht die Ma-mi glück-lich, Pa-pi muss jetzt nicht mehr

ran, denn für Nach-wuchs hier im Vier-tel sorgt der bra-ve Bo-frost-

Mann. Wir sind al-le Bo-frost-Kin-der, Pa-pa ist der Bo-frost-

Mann.   Willst auch du da-zu ge - hö-ren, ruf doch gleich bei Bo-frost an.

1. Früher als wir Babies waren,
   fiel das Ganze niemand auf.
   Doch im Laufe mit den Jahren
   sahn wir alle ähnlich aus:
   Nasen, Augen, Ohren, Haare und ein breites Doppelkinn.
   Das ist sicher doch kein Zufall, darin liegt ein tiefrer Sinn.

   Mia san alle vom selben Viertel und sind Kinder vom Bofrost-Mann.
   Kevin, Ugur und die Birte, Papa ist der Bofrost-Mann.

2. Pommes, Pizza mit Sardellen,
   alles bringt der Bofrost-Mann.
   Und dazu noch Samenzellen,
   wie man deutlich sehen kann –
   frisch und auch mal tiefgefroren, rentensichernd und frei Haus.
   Jeden Mittwoch voll Erwartung zieht sich deshalb Mutti nackig aus.

   Mia san alle vom selben Viertel und sind Kinder vom Bofrost-Mann.
   Merlin, Ole und der Sören, Papa ist der Bofrost-Mann.

3. Wer gibt stets das Allerbeste?
   Unser Papa, der Bofrost-Mann.
   Drum prangt stolz an seiner Weste
   ein goldner Zeugungsorden dran.
   Verliehn von unserm Übervater, dem Herrn Ministerpräsident,
   der wie kein Zweiter hier im Lande Papas große Mühen kennt.

   Doch noch viel mehr können sagen: „Wir sind auch vom Bofrost-Mann".
   Dörte, Jessie und der Torben, alles kommt vom Bofrost-Mann.

   Schluss
   Bofrost macht die Mami glücklich, Papi muss jetzt nicht mehr ran,
   denn für Nachwuchs hier im Viertel sorgt der brave Bofrost-Mann.

   Wir sind alle Bofrost-Kinder, Papa ist der Bofrost-Mann.
   Willst auch du dazu gehören, ruf doch gleich bei Bofrost an.

Latte-Macchiato-Mütter

1. Zwölf Uhr drei-ßig, end-lich Mit-tags - pau - se, jetzt ganz schnell zum neu-en Bi-o - markt, weil der ne-ben all den gsun-den Sa - chen auch ein schi-ckes Bis-tro-ca - fe hat. Doch ein Pulk ver - chrom-ter Kin-der - wä - gen vor der Tür als Hin-der-nis-par - kour lässt die Ein-ge - weih-ten schon er - ah - nen: Hier herrscht Mut - ti - Dik - ta - tur! Lat - te - Mac-chia - to - Müt - ter schwe-ben im Milch-schaum-him-mel drin und sie pflü - gen mit ih - ren Bug - gys ü - ber je - des Hin-der-nis da -

hin. Wenn sie mit ihrn Vor-führ-ba-bys ge - mein-sam bum-meln gehn, dann

kämpfst du ge - gen Kin - der - wäg'n ums nack - te Ü - ber - lebn.

1. Zwölf Uhr dreißig, endlich Mittagspause,
   jetzt ganz schnell zum neuen Biomarkt,
   weil der neben all den gsunden Sachen
   auch ein schickes Bistrocafe hat.
   Doch ein Pulk verchromter Kinderwägen
   vor der Tür als Hindernisparcour
   lässt die Eingeweihten schon erahnen:
   Hier herrscht Mutti-Diktatur!

   Latte-Macchiato-Mütter
   schweben im Milchschaumhimmel drin
   und sie pflügen mit ihren Buggys
   über jedes Hindernis dahin.
   Wenn sie mit ihrn Vorführbabys
   gemeinsam bummeln gehen,
   dann kämpfst du gegen Kinderwäg'n
   ums nackte Überlebn.

2. Eine sich soeben fortgepflanzte
   blondierte Bio-Edel-Mutterkuh
   blockiert vor uns die Selbstbedienungstheke,
   fragt „Camilla, was magst du?
   Einen Smoothie oder nur ein Plätzchen?
   Aber ist das denn auch glutenfrei?
   Du bist bestimmt dagegen allergisch,
   na, dann gibt's halt wieder Hafergrütznbrei."

Im 7. Milchschaumhimmel

Latte-Macchiato-Mütter
haben im Hirn nur Milchschaum drin
und ausgerechnet jeden Mittag
zieht es sie ins Bistrocafe hin.
Wenn sie dort ihrn Vorführbabies
auch noch das Euter gebn,
dann kotzt nicht nur das Kind,
auch ich lass alles liegn und stehn.

3. Ich versuch mich aus dem Café zu kämpfen,
   plötzlich neben mir ein Waldorfmonster plärrt
   und seinen vollen Kefir-Mango-Lassi
   über meinem linken Hosenbein entleert.
   Ich erwarte zumindest ein Bedauern,
   doch stattdessen wird ein Foto produziert,
   das mich als aggressiven Kinderhasser
   ab sofort auf Facebook denunziert.

   Latte-Macchiato-Mütter
   habn statt Hirn nur Milchschaum drin
   und sie walzen mit ihren Buggys
   über jedes Hindernis dahin.
   Und die nächste, die uns heute
   vom Gehsteig runterdrängt,
   wird am Kinderwagen gefesselt
   und in Bionade drin ertränkt. Jawoll!

Mutterglück

Das A und O:
pränatale Frühförderung

Anmerkung:
Der Latte macchiato steht als Modegetränk für trendbewusste Neu-Großstädter der 2010er
Jahre. Wenn diese sich in gentrifizierten Stadtvierteln zusammenrotten und zu dreißig-
jährigen Jung-Eltern mutieren, entsteht dabei die militante Untergruppierung der Kinder-
wagen-bewaffneten „Latte-Macchiato-Mütter". Vorsicht: Sie kennen keine Gnade!

Mutterglück

Eine Latte-Macchiato-Mutti sitzt mit einem Kaffeebecher auf einer Bank und blättert in einer Mutter-Kind-Illustrierten. Plötzlich entdeckt sie einen vermeintlich interessierten Passanten und spricht ihn an.

Ach, ist doch herrlich, was? Das Wetter, die Vögel zwitschern, ein leckerer Caffè Latte dazu ...

Ja, man sieht es mir mittlerweile an: Mutterglück!

Ah, hören Sie mal! *(stellt ihren Bauch zur Schau)* Wolln Sie mal hören? Warten Sie, ich komm zu Ihnen. Keine Berührungsängste. Sie haben doch nix Ansteckendes, oder?! *(hält den Bauch an das Ohr des Passanten und fragt nach, ob ihr Gegenüber das soeben Gehörte richtig verstanden hat)*

Und? *(erklärt stolz)* Er hält gerade sein BWL-Referat, er formuliert ja ausgezeichnet, nicht? Da können Sie noch was lernen! Frühförderung! Man kann ja gar nicht früh genug anfangen! Wir haben da mittlerweile auch einen ganz guten Zeitplan, Montag, beispielsweise, von 8 bis 11 Uhr, drei Stunden Fötenmathematik. Gut, danach gibt es schon was zur Entspannung: Fruchtwasserballett. Pränatale Frühförderung! Das A und O heutzutage! Ich werfe doch ein ungeborenes Genie wie meinen Coco-Pascal nicht unvorbereitet in unsere Leistungsgesellschaft, das wäre ja fahrlässig! *(stolz)* Er ist übrigens ein Wunschkind! Gezeugt – und jetzt halten Sie sich fest – auf dem letzten FDP-Parteitag! Perfektes Timing, besser kann man's ja gar nicht machen! Und später, wenn er dann auf dem Spielplatz, wir wohnen selbstverständlich weit ab vom Unterschichtenrandgebiet, das versteht sich ja wohl von selbst, wie würde jetzt eine Mutti aus dem Niedriglohnbereich sagen? Im Sandkasten! *(lacht)* Also, wenn er sich auf dem Spielplatz mit Naturmaterialien, also Sand, Steinen, Holz, architektonisch weiterbildet, wird er natürlich belohnt! Aber nur mit fair gehandelter Bio-Schokolade. *(zu ihrem Bauch)* I beg your pardon, darling? Yes, you're perfectly right! No, we don't wanna be late, do we? Mummy will get you there in time! *(zum Passanten)* Sie hören es, wir müssen! Ich zum Wahlkampfstand und Coco-Pascal zum Embryonengeigenkurs. Tja, was tut man nicht alles für ein zukünftiges Glied der deutschen Führungselite ... *(abermals zum Passanten)* War doch jetzt schön, nicht? Da konnten Sie auch etwas profitieren?! Freut mich für Sie ...

Also, bis die Tage! Man sieht sich.

I bin a Lehrer, i woaß mehrer

Ein männlicher Lehrkörper sitzt in Korrekturarbeiten vertieft an seinem Schreibtisch, laut mit sich selbst redend.

Lehrer: Null ... eins ... null ... null ... null ... eins ... null ... eins ... null ... null ...
Des san eins ... zwei ... drei ... Drei lausige Punkte! Des derf doch ned wahr sein!
(die Stimme hebend) Desiree Diermeier, des is ein glatte Fünf! Na, was sag ich: eine Fünf minus! *(erzürnt)* Mein Unterricht ist wirklich Perlen vor die Säue ...
(wendet sich jetzt dem Publikum zu)
Aber, des san diese alleinerziehenden Kinder!
(schaut abwartend ins Publikum) Des hat aber jetzt gedauert ...
Für Sie ist Pisa wahrscheinlich auch eine italienische Nudelfirma?!
Aber Gott sei Dank ist des bei uns daheim wenigstens a bissl was anderes.
Bei meiner Tochter ... aber aus der wird auch wenigstens mal was!
(stolz) Antiaggressionsgruppe, Eisshowtanz, Stimmbildung, Selbstfindungskurs ... und jetzt geht de no ned a mal in den Kindergarten! *(Pause)*
Ja, aber ich sitz hier und korrigier den Schmarrn da, statt dass ich mit ihr auf den Kinderspielplatz geh. Denn zehn Minuten Austoben täglich, das darf sein. Da geh ich vollkommen konform mit unserem Sportminister Spaenle.
Doch was wir da oft erleben, ich kann's Ihnen sagen.

1. Wenn ich da so am Spiel-platz sitz, tu Müt-ter kon-trol-liern, denn als
Leh-rer ist es mei-ne Pflicht, Fehl-ver-hal-ten auf-zu-spürn.
Hän-ge-schul-tern, Ü-ber-gwicht, für d'Er-zieh-ung kein Kon-zept, da
braucht es mei-nen Ein-griff, dass a Kind des ü-ber-lebt. Ein

Klein-kind zum Fress-sack ver - kom-men wird von mir aus dem

Wa-gerl ge - nom-men und un-ter mei-ner An-leit-ung pä-da-

go-gisch top-trai - niert. Ich ga-ran - tier, dass des sein Le-ben lang koa-ne

Pom-mes mehr o - rührt. I bin a Leh-rer, i woaß

meh-rer als Sie al - le mit-ein - and, und was Sie als

El-tern fab-ri - zie-ren is frei-weg gsagt a Schand.

1. Wenn ich da so am Spielplatz sitz, tu Mütter kontrolliern,
   denn als Lehrer ist es meine Pflicht, Fehlverhalten aufzuspürn.
   Hängeschultern, Übergewicht, für d'Erziehung kein Konzept,
   da braucht es meinen Eingriff, dass a Kind des überlebt.
   Ein Kleinkind, zum Fresssack verkommen,
   wird von mir aus dem Wagerl genommen
   und unter meiner Anleitung pädagogisch toptrainiert.
   Ich garantier, dass des sein Leben lang keine Pommes mehr anrührt.

   I bin a Lehrer, i woaß mehrer als Sie alle miteinand,
   und was Sie als Eltern fabrizieren, is freiweg gsagt a Schand.

2. Schaun S' drüben an der Schaukel, der Hintermoser Claude,
   was der in seinem Alter für schlechte Zähn schon hat.
   Bei meiner kleinen Julia da kann das nicht passiern,
   der dua i jeden Abend die Zähn mit Fluor einschmiern.
   Und vom Huaba de kloa Caroline,
   der fehln einfach die Carotine,
   die hat bestimmt seit der Geburt koa gelbe Ruabn ned gsehn,
   dafür den Nestle-Glasldreck, ich kann das nicht verstehn.

   I bin a Lehrer, i woaß mehrer, bin geistig allen überlegn,
   aber ich trag das nicht nach außen, das ist mir nicht so glegn.

3. Auch ich hab eine Tochter im Alter von zwei Jahr,
   sie kann schon alles lesen, fährt Fahrrad jetzt sogar.
   Denn Pädagogenspermien, die haben Abitur,
   drum ist auch meine Julia ein Wunder der Natur.
   Der Rest ist dann meine Erziehung,
   Sie sehn's an der Artikulierung.
   Sie würde niemals sagen: „Du Papa, pfui und bäh!"
   Sie macht nur Satz mit Gegenstand und das find ich so schee.

   I bin a Lehrer, i woaß mehrer, drum spielt mein Kind auch nur allein
   und nicht mit dummen Nachbarskindern. Sie wird mir später dankbar sein.

Der Lehrkörper setzt sich wieder an seinen Schreibtisch und korrigiert weiter. Plötzlich stürzt eine rabiate Schülermutter - offensichtlich aus einem Besserverdiener-Haushalt - ohne Anklopfen herein.

Mutter: Grüß Sie Gott! Ich komm in der Angelegenheit Schöberl.

Lehrer: Äh ...

Mutter: *(unterbricht sofort und redet dann ohne Punkt und Komma)* Nein! Sagen Sie nix! Es ist völlig klar, dass auch mein Sohn eine gewisse Mitschuld trägt. Aber ich wollt mir jetzt mal persönlich ein Bild von Ihnen machen.

Lehrer: Aber ich ...

Mutter: Ja, lassen Sie mich doch erst einmal zu Wort kommen! Schaun S', Sie können ja ned amal zuhörn! Mich wundert es nicht, dass Ihre Schüler solche Probleme mit Ihnen haben!

Lehrer: Also bitte, wer sind ...

Mutter: *(unterbricht wieder)* Ganz ruhig! Wir müssen was dagegen machen, denn schön langsam kommen Sie mir einfach zu teuer!

Lehrer: Jetzt ist es aber ...

Mutter: *(unterbricht und wird energischer)* Ja was glauben denn Sie, was die Tabletten für meinen Sohn tagtäglich kosten, die er braucht, damit ich ihn überhaupt noch in Ihren Unterricht schicken kann! Wir müssen jetzt gemeinsam an Ihrem Problem arbeiten!

Lehrer: *(Lehrer springt jetzt auf)* Des is doch ...

Mutter: *(Die Mutter ist dem Lehrer mittlerweile bedrohlich nahe gekommen und drückt ihn wieder in seinen Stuhl zurück)* Bsssch ... nicht aufregen, des bringt Sie doch ned weiter. Oder glauben Sie, mein Sohn hat Ihnen umsonst sein neues Butterfly-Messer neigrennt! Sie müssen Ihre Situation überdenken, analysieren! Verstehn S'!

Lehrer: Sie sind bei mir ... *(Lehrer erhebt sich wieder von seinem Platz)*

Mutter: *(drückt den Lehrer wieder in den Stuhl)* Ich hab mir nicht die Zeit genommen mit Ihnen zu reden, wenn Sie mir nicht zuhören! Sans doch amal ehrlich: Ich weiß ja nicht, wer Sie dazu getrieben hat, Lehrer zu werden ... Aber entschuldigen S', die Begabung sicherlich nicht!

Lehrer: Jetzt reichts! *(springt auf)* Raus jetzt, aber schnell!

Mutter: *(lässt sich dadurch nicht beeindrucken)* Schaun S', da haben wir's schon wieder! Ihnen fehlt ja jegliche Bereitschaft, über Ihre Konflikte zu sprechen! Sagen Sie, was haben Sie überhaupt für eine Ausbildung?
(Lehrer will etwas sagen) Ned schon wieder dazwischen reden! *(drückt ihn wieder in den Stuhl)* Schaun S', Ihr oberster Chef, der Herr Spaenle – übrigens ein sehr guter Freund von mir – der hat, was Sie bräuchten: Eine fundierte Ausbildung als Volontär beim BR! Da lernt man nämlich mit Menschen umzugehen, auf sie zuzugehen, auf sie eingehen! Der hätt des Problem mit dem Messer auch ganz anders gelöst und sich nicht leichtfertig verletzen lassen, so wie Sie!

Lehrer: *(nutzt die Gelegenheit um endlich sich zu äußern)* Aber ich bin ja gar nicht verletzt! Und was wollen Sie eigentlich von mir?

Mutter: *(erstaunt)* Was? San Sie ned der Studienrat Dr. Stippler-Osten?

Lehrer: Nein! Mein Name ist Negele und ich bin hier der Religionslehrer!

Mutter: *(wieder aufbrausend)* Ja, sagn S' des doch gleich! Da lasst er mich hier stundenlang reden. Sie sind ja noch unfähiger als der Dr. Stippler-Osten! Sie ... Sie, menschliches Wrack! Denn ich versteh mich im Umgang mit Menschen: Mein Mann ist nämlich Rechtsanwalt und ich, ich bin Tierärztin!

Die Mutter stürmt wutentbrannt davon, der Lehrer schüttelt verdutzt den Kopf.

Anmerkung:
Der Schluss-Satz der Szene stammt aus einer wahren Begebenheit an einem Schwabinger Gymnasium im Jahre 1996.

Erlebnispädagogik

*Der Trainer der Fußballmannschaft verfolgt von einer Bank am Spielfeldrand aus –
hochkonzentriert und vollkommen fixiert – das Trainingsspiel seiner Mannschaft. Er springt
dabei immer wieder wild gestikulierend auf und brüllt Anweisungen, den Blick unablässig auf
das Spielfeld gerichtet.*

Trainer: *(erregt)* Mensch, pass doch auf, geh doch hi! Der is doch gefährlich! Ja siehgst du
des denn ned?! Der is gefährlich!

*Von der Seite kommt eine aufgetakelte, affektierte Mutter mit ihrem (für das Publikum nicht
sichtbaren) Sohn im Schlepptau.*

Mutter: *(dreht sich zu ihrem Sohn um)* Severinchen, bleib schön da sitzen. Die Mami kommt
gleich wieder. Wart hier schön auf mich, gell.
(geht zum Trainer) Hallo! Haaallloooo!
Mein Name ist Sybille Glutenberg-Schmitz. Sind Sie hier der Sportpädagoge?

Trainer: *(in tiefstem bayerisch, ohne die Augen vom Spiel abzuwenden)* Wer? I?
(schreit wieder) Deckung! Deckung! *(jetzt beiläufig zur Mutter, Blick nach wie vor auf das
Spielfeld)* Naa, i bin der Trainer vom TSV ... von der E-Jugend.
(wieder dem Spiel folgend) Hassan, Hassan, du sollst doch rechts ... rechts ... ja, rechts ...
kapierst du denn des ned?! Was hoaßt denn „rechts" auf Türkisch?

Mutter: *(lässt sich nicht beeindrucken und fährt mit ihrem Anliegen fort)* Also, worum es geht:
Unser Severinchen, das ist der Kleine in der Latzhose dort drüben ... *(dreht sich dabei
zur Seite und erblickt ihren Sohn)* Severinchen, bleibst du da weg! Lass die Kinder spielen
(wieder zum Trainer) Also, unser Severinchen, der hat jetzt seinen achten Geburtstag und
da hat er sich nichts so sehr gewünscht als ...

Trainer: *(unterbricht, ohne sich ablenken zu lassen)* Ja, is scho klar!
Mensch Hassan! Hassan! Haaaaassssaaann! Is des denn die Möglichkeit ... rechts, Hassan
... rechts, rechts, Hassan! *(zur Mutter, ohne den Blick vom Spielfeld zu lassen)* Was hoaßt
denn „rechts" auf Türkisch?

Mutter: *(dümmlich lachend)* Haha, haha ... ja, Türkisch ...

Trainer: *(brüllt ohne nachzudenken ins Spielfeld)* Türkisch, Hassan! Türkisch!

Mutter: Unser Severinchen hat sich nichts so sehr gewünscht als diese Fußballspielerei zu
erlernen ...

Trainer: Ja, is klar, der Bua woaß Bescheid. Dieser Fußball ist ein wunderbarer Sport! Costas!
Costas! Lass dir des ned gfalln, hau zruck ... aus dem machst du doch Souflaki! *(setzt sich
wieder auf die Bank)*

Mutter: *(lässt sich nicht beirren)* Also, worum es uns geht: Unser Severin soll in einer
toleranten, weltoffenen Atmosphäre groß werden ...

Trainer: *(springt wieder auf)* Hassan! Rechts, Hassan! Wie oft hab ich dir des schon gsagt?!
Geh doch rechts nüber!

Mutter: *(dreht sich um und sieht nach Severinchen)* Geh zur Seite ... geh schön zur Seite
Severinchen!

Trainer: Ein letztes Mal: Wenn du jetzt ned sofort rechts nüber gehst, dann hast du ab sofort Ramadan bis Allerheiligen!
(Trainer setzt sich wieder auf die Bank, die Mutter setzt sich zu ihm)

Mutter: *(pikiert)* Sie, sagen Sie mal, haben Sie in Ihrer Mannschaft nur Ausländer?

Trainer: Naa, naa, de san alle vom Hasenbergl! *(hält kurz inne)* Aber halt warten S', dass i Eahna koan Schmarrn erzähl: Der da hint', der Abdul, der is aus Moosach. Abdul, du stehst im Abseits! Geh doch auf d'Linie zruck, du blinde Nuss!

Mutter: *(noch pikierter)* Ich meine, haben Sie denn gar keine deutsche Mannschaft?! Verstehen Sie mich jetzt bitte nicht falsch ... Aber ...

Trainer: Hassan, rechts! Rechts, Hassan! Zum allerletzten Mal: Du gehst jetzt sofort rechts nüber, sonst sag i's dem Beckstein, dann wirst du abgeschoben!

Mutter: Also nicht, dass Sie mich jetzt missverstehen ... Aber ich mein so ein bisschen deutsch ... Unser Severinchen zwischen all diesen ... also, zwischen all diesen Ausländern, nein also ... ich glaube nicht, dass das der richtige Sport für unser Severinchen ist ...

Trainer: Hassan, jawoll, jetzt hat er's kapiert?! Ja, genau auf der Linie, Hassan ... spui'n eahm. Ja genau, ja ... *(ist plötzlich sprachlos, denn er entdeckt einen fremden Spieler auf dem Feld)* Ja, wer is jetzt des?! Wer is jetzt des?!

Mutter *(erkennt ihren Sohn auf dem Spielfeld)* Severin ... lass die Kinder spielen ... Du sollst doch auf mich warten ... Severin, was machst du da? Was machst du da?

Trainer: Ja Severin, was machst du da?

Mutter: Ja, was macht er da?

Trainer: Ja Severin, genau! Severin mach's! Mach's, Severin! Links, rechts ... und geh nei, da wo's wehtut ... da wo s' da oane naufhaun ... Körpertäuschung ... und Tooor! Tooor! *(beide jubeln, der Trainer begeistert zur Mutter)* Der Bua is kauft! Der Bau is kauft! Der hat an richtigen Killerinstinkt!

Mutter: *(stolz)* Und das Multikulturelle hat er von mir!

Spielerfrau

Jackie Weißhauser, das blonde Hobby-Model, kommt im engen Minirock und FC-Bayern Fanshirt telefonierend auf die Bühne. Der Singsang in ihrer Stimme verrät eine leicht eingeschränkte Intelligenz verbunden mit einem extrem affektierten Bussi-Tussi-Gebaren.

Jackie *(telefonierend):* ... du nein Sarah, ich hab ihn nicht angegrabscht ... das hat sich so ergeben ... Sarah, hör zu, ich war in der Kabine ... Hallo?! Ja, logisch ... ich hab eine VIP-Karte, ohne die kommst du gar nicht in die Kabine ... ich hab ihm lediglich in der Dusche geholfen, die Seife zu suchen, bevor es ein Anderer macht ... du, Süße, ich muss jetzt Schluss machen, bin mitten in der Verhandlung mit meinem Manager ... ich ruf dich an, ja? Ciao, Bussi ... *(legt auf und steckt das Handy in ihre Handtasche) (zum Publikum)* Boah, voll der Zickenterror! Aber ich sag Ihnen was, die ist ja nur neidisch! Weil, ich bin die Jackie und ich starte jetzt voll durch!

1. Ich fühl-te schon ganz früh, in mir da steckt was Tol-les drin, doch bis-her wuss-te ich noch nicht, wie komm ich da bloß hin. Mein Kör-per ist mein Ka-pi-tal, ge - born fürs Ram-pen - licht, ich wür-de al - les da-für tun, da - mit man von mir spricht. Und dann am letz-ten Sams-tag, da wurd's mir plötz-lich klar, als ich in der A - re-na beim F - C Bay-ern war! Ich bin blond, ich bin

jung und da - zu noch ir - re schlau, von Kopf bis Fuß ein Mo - del: Ich

wer-de Spie-ler - frau! Ich lass mich su-per schmin-ken, kann aus-ge-zeich-net

win-ken, bin of-fen für'n Trans - fer, was will ein Spie-ler mehr?

Ist er po-tent und me-ga-reich, dann ma-chen wir es gleich.

Schluss

Sie ist blond, sie ist jung und ü-ber-ir disch schlau, beim

D - F - B zu bu-chen als dei - ne Spie-ler - frau! Sie

lässt sich su-per schmin-ken, kann aus-ge-zeich-net win-ken, ist

of-fen für'n Trans - fer, was will man denn noch mehr?

Und kannst du gar nicht Fuß-ball-spieln, dann ist das kein Mal - heur,

Haupt - sach, du bist Mil - lio - när, ich geb mich für dich her!

1. Ich fühlte schon ganz früh, in mir da steckt was Tolles drin,
doch bisher wusste ich noch nicht, wie komm ich da bloß hin.
Mein Körper ist mein Kapital, geborn fürs Rampenlicht,
ich würde alles dafür tun, damit man von mir spricht.
Und dann am letzten Samstag, da wurd's mir plötzlich klar,
als ich in der Arena beim FC Bayern war!

Ich bin blond, ich bin jung und dazu noch irre schlau,
von Kopf bis Fuß ein Model: Ich werde Spielerfrau!
Ich lass mich super schminken,
kann ausgezeichnet winken,
bin offen für'n Transfer,
was will ein Spieler mehr?

Ist er potent und megareich,
dann machen wir es gleich.

(gesprochen) Naja, und wegen der Optik, also, sagen wir mal, er ist jetzt echt hässlich,
dann denk ich mir, Topfrisuren und geile Bodys haben die ja alle durch die Bank – das
passt dann schon ...

2. Und wechselt mich ein Spieler aus, dann ist das kein Problem,
die gibt es ja wie Sand am Meer, da wird sich was ergebn.
Wichtig ist, du steigst gut ein wie Claudia Effenberg,
verschenke deine Unschuld nie an einen Fußballzwerg!
Das, glaub ich, hat die Ballack gsagt – na, ist ja auch egal –
ich mach mich heut an Schweini ran, bin schließlich 1. Wahl.

Ich bin blond, ich bin jung und echt rattenmäßig schlau,
so supermegaheiß als neue Spielerfrau.
Man kann mich auch schon klicken,
auf Google unter F... Fußball,
offen fürn Verk ... Transfer,
was will man denn noch mehr?

Ich werde prominent,
weil mich dann jeder kennt.

(gesprochen) Haben Sie grad Lust? Auf was echt Prickelndes? Ich hab da was für Sie: (Sie
öffnet ihre Handtasche und zeigt eine Getränkedose mit einer Spargelstange als Strohhalm
her) Jackies Spargel-Sprizz aus der Dose!
Sprechen Sie mir nach: „Spargel-Sprizz macht Spieler spitz!" – Endgeil, oder? Voll der
Zungenbrecher! Der Spruch stammt von mir!
… Ja, schon klar, nicht vor wichtigen Spielen …

3. Und auch wenn ich sehr willig bin, heißt das noch lange nicht,
   ich gebe mich ganz billig hin, das wär mir viel zu schlicht.
   Ich hab in mir ein Ego drin, das sagt es mir ganz klar:
   Du bist ne klasse Spielerfrau, ein Model-Shoppingstar.
   Am liebsten wär ein Spieler mir, der sagt: „I bin fei schwul,
   doch mein Verein zahlt mir a Frau." Des fänd ich total cool!

Ich bin blond, ich bin jung und überirdisch schlau,
beim DFB zu buchen als deine Spielerfrau!
Ich kann sehr gut begleiten, sogar auf Pferden reiten,
bin offen fürn Transfer, was willst du denn noch mehr?

(gesprochen) … und nicht vergessen: „Spargel-Sprizz macht Spieler spitz!", ab Montag
große Probieraktion bei Aldi. Und ich bin dann auch da und unterschreib meine Auto-
grammkarten in meinem niegelnagelneuen Angermeier-Glitzerdirndl von Angermeier!
Da geht's dann voll ab, weil dann singen alle im Chor:

(ein Background-Chor singt den Refrain, Jackie schreit dazu
„Ole, ole, ole, ole, Super-Bayern, Super-Bayern, hey Baby …")
Sie ist blond, sie ist jung und überirdisch schlau,
beim DFB zu buchen als deine Spielerfrau.
Sie lässt sich super schminken,
kann ausgezeichnet winken,
ist offen fürn Transfer,
was will man denn noch mehr?

Und kannst du gar nicht Fußballspielen, dann ist das kein Malheur,
Hauptsach, du bist Millionär, ich geb mich für dich her!

Spargel-Sprizz macht Spieler spitz

Sinnvolles für die Freizeit

Die arabische Bauchtanzpoesie

... kriegt aa a Bulldogfahrerin hi

Dampfstrahler

1. Der Nie - der - bay - er, wie be - kannt, stets mo - dern und

welt - ge - wandt, auf - ge - schlos - sen je - dem Trend, wenn

er ihn ü - ber - haupts er - kennt, hat ein neu - es

Ste - cken - pferd, des al - ler - weil be - lieb - ter wird.

An Dampf - strah - ler ham - ma ge - stern kriagt, dampf - strahln dean ma

heit, dampf - strahln dean ma al - le Tag, so - lang's uns gfreit. An

Dampf - strah - ler ham - ma ge - stern kriagt, dampf - strahln dean ma heit,

dampf - strahln dean ma al - le Tag, so - lang's uns gfreit.

1. Der Niederbayer, wie bekannt,
   stets modern und weltgewandt,
   aufgeschlossen jedem Trend,
   wenn er ihn überhaupts erkennt,
   hat ein neues Steckenpferd,
   des allerweil beliebter werd.

   An Dampfstrahler hamma gestern kriagt,
   dampfstrahln dean ma heit,
   dampfstrahln dean ma alle Tag,
   so lang's uns gfreit.

2. Dass des Gerät sich aa rentiert,
   werd glei der Hof zuabetoniert,
   's Gmiasgartl obendrein
   schmückt bald drauf grüner Klinkerstein.
   Auch Terracotta ist beliebt,
   wenn's nur was zum Dampfstrahln gibt.

   An Dampfstrahler hamma gestern kriagt,
   dampfstrahln dean ma heit,
   dampfstrahln dean ma alle Tag,
   so lang's uns gfreit.

3. Jeden Samstag bricht's dann aus,
   das Dampfstrahlfieber vor jedem Haus:
   Zuerst Auto, Sauna, Grill, Garage,
   Meersau, Kind und Nachbars Arsch.
   Z'letzt kommt dann die Mutti dran,
   dass s'sauber na ins Bett gehn kann.

   An Dampfstrahler hamma gestern kriagt,
   dampfstrahln dean ma heit,
   dampfstrahln dean ma alle Tag,
   so lang's uns gfreit.

Anmerkung:
Bei jedem Refrain wird das Publikum mit zwei Dampfstrahlern in Form kleiner Wasser-
pistolen einer „Reinigung" unterzogen.

Fußball-Fan

Pu - bli - kum, ver - nimm die Schau - der - gschich - ten, die wir
Ih - nen ex - klu - siv be - rich - ten von ei - nem We - sen, ganz aus - er -
le - sen, das man hier und wo man's sonst noch kennt Fuß - ball - Fan nennt.

1. O - le, o - le, o - le, o - le, mia san de blä - dern, o - le!
O - le, o - le, o - le, o - le, mia san de blä - dern, o - le!
De ganz Woch a kloans Lich - tl bloß, a - ber am Sams - tag sans ganz groß,
dümm - lich gröh - lend „Ay, ay, ay" ziahngs ins Sta - dion nei.

Publikum, vernimm die Schaudergschichtn,
die wir Ihnen exklusiv berichten
von einem Wesen, ganz auserlesen,
das man hier und wo man's sonst noch kennt
Fußball-Fan nennt.

1. Ole, ole, ole, ole, mia san de blädern, ole!
   Ole, ole, ole, ole, mia san de blädern, ole!
   De ganz Woch a kloans Lichtl bloß,
   aber am Samstag sans ganz groß,
   dümmlich gröhlend „Ay, ay, ay"
   ziahngs ins Stadion nei.

Ole, ole, ole, ole, ole ...

2. Ole, ole, ole, ole, mia san de blädern, ole!
   Ole, ole, ole, ole, mia san de blädern, ole!
   Mit Ramba Zamba auf den Rängen
   kann man den Alltag gut verdrängen,
   grad an der Grünwalder Straß'
   tobt a bsondre Rass.

3. Ole, ole, ole, ole, mia san de blädern, ole!
   Ole, ole, ole, ole, mia san de blädern, ole!
   Mit Alkohol und Schal und Käpperl
   macht man sich ganz gern zum Depperl,
   stolz geschwellt sind Kopf und Brust,
   so bekämpft man Frust.

... mia san de blädern, ole!

4. Ole, ole, ole, ole, mia san de blädern, ole!
   Ole, ole, ole, ole, mia san de blädern, ole!
   Gemeinsam, ja da ist man wer,
   da traut sich koana zu uns her
   und sollterts oana doch probiern,
   dem dean ma oane schmiern.

5. Ole, ole, ole, ole, mia san de blädern, ole!
   Ole, ole, ole, ole, mia san de blädern, ole!
   Und wenn die Mannschaft dann verliert,
   werd beim Hoamgeh randaliert.
   Das Fazit leuchtet jedem ein:
   Sport ist am schönsten im Verein.

Anmerkung:
Grünwalder Straße, Standort des berüchtigten Grünwalder Stadions des noch
berüchtigteren TSV 1860 München

Bauchtanz Arabia

1. So mei-ne Da-men, auf geht's jetzt, alls auf Po-si - tion zum orien-ta - li-schen Bauch-tanz-fest, die Gäs-te war-ten schon. Bit-te Jas-min, ned so ner-vös, ab jetzt gilt auch für Sie: Bauch-frei trotz O - ran-gen-haut und falln S' ned wie-der hi. Und mia tun ru-dern, ru-dern, ru-dern, ru-dern, ru-dern und ned so schlu-dern, schlu-dern, schlu-dern, schlu-dern, schlu-dern. Die a-ra-bi-sche Bauch-tanz - po - e - sie kriagt aa a Bull-dog-fah - re-rin hi. 2. Geh bit - te mehr Be - geis-te - rung und mehr Tem-pera - ment, Sie san schließ-lich der Hö-he-punkt beim

Bauch-tanz-e - vent. Mensch Re-si, Sie als Sa-lo-me, Stolz der V - H -

S, der Tanz hoaßt „Gruß ans Am-sel-feld" und ned „Vo-gel press". Und noch-mals

ü-ben, ü-ben, ü-ben, ü-ben, ü - ben, auch Sie da drü-ben, drü-ben,

drü-ben, drü-ben, drü-ben. Und hal-ten S' an Schlei-er vors Ge-

sicht, da-mit ma Ih - re Wim-merl ned so sicht.

3. Sie, ver-ges-sen S' doch des Gan-ze, ich ver-zicht auf Sie. Die An-mut und die

Bauch-ar-beit, des ler-nen Sie nie. Was sagn S'? Du kom-men aus Tür-kei?

Du dort Leh-re - rin in Schu-le von Ö - gül Ö-mür? Und wer glaubst, wer i

bin! Weil des ech-te Ru-dern, Ru-dern, Ru-dern, Ru-dern, Ru-dern, ganz oh-ne

Schlu-dern, Schlu-dern, Schlu-dern, Schlu-dern, Schlu-dern, da machst du

mia ja gar nix vor, lernst in da Volks-hoch - schul al - loa.

1. So meine Damen, auf geht's jetzt, alls auf Position
   zum orientalischen Bauchtanzfest, die Gäste warten schon.
   Bitte Jasmin, ned so nervös, ab jetzt gilt auch für Sie:
   Bauchfrei trotz Orangenhaut und falln S' ned wieder hi!

   Und mia tun rudern, rudern, rudern, rudern, rudern
   und ned so schludern, schludern, schludern, schludern, schludern.
   Die arabische Bauchtanzpoesie
   kriagt aa a Bulldogfahrerin hi.

2. Geh bitte mehr Begeisterung und mehr Temperament,
   Sie san schließlich der Höhepunkt beim Bauchtanzevent.
   Mensch Resi, Sie als Salome, Stolz der VHS,
   der Tanz hoaßt „Gruß ans Amselfeld" und ned „Vogel press"!

   Und nochmals üben, üben, üben, üben, üben,
   auch Sie da drüben, drüben, drüben, drüben, drüben.
   Und halten S' an Schleier vor's Gesicht,
   damit ma Ihre Wimmerl ned so sicht.

3. Sie, vergessen S' doch des Ganze, ich verzicht auf Sie.
   Die Anmut und die Baucharbeit, des lernen Sie nie.
   Was sagn S'? Du kommen aus Türkei? Du dort Lehrerin
   in Schule von Ögül Ömür? Und wer glaubst, wer i bin!

   Weil des echte Rudern, Rudern, Rudern, Rudern, Rudern,
   ganz ohne Schludern, Schludern, Schludern, Schludern, Schludern,
   da machst du mia ja gar nix vor,
   lernst in da Volkshochschul alloa.

Anmerkung:
Der Begriff Bauchtanz ist übrigens eine europäische Wortschöpfung. Der französische
Romancier Gustave Flaubert (1821–1880) benutzte ihn in seinem „Orientalischen Reisetage-
buch" und dieser Name wurde dann in Europa gebräuchlich.

Party ohne Ende

1. Al - les kommt heut gfahrn und grennt zum Dorn - wan - ger
Groß - e - vent. Gleich nach der Ju - gend - A - bend - mess geht's
los mit'm Al - ko - hol - ex - zess. Für neun - fuchzg pro
Mann und Kind sau - fa bis's oam obn naus rinnt. Zur
Schaum - par - ty lädt heu - te ein der Dorn - wan - ger
Sport - ver - ein. Par - ty, Par - ty oh - ne En - de,
vom Pfar - rer kommt d'San - gri - a - Spen - de.

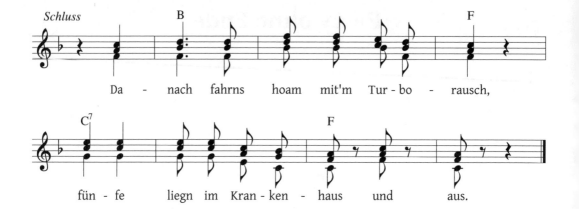

Schluss

Da - nach fahrns hoam mit'm Tur - bo - rausch,
fün - fe liegn im Kran - ken - haus und aus.

1. Alles kommt heit gfahrn und grennt
   zum Mostlinger Großevent.
   Gleich nach der Jugend-Abendmess
   geht's los mit'm Alkoholexzess.
   Für neunfuchzg pro Mann und Kind
   saufa bis's oam obn naus rinnt.
   Zur Schaumparty lädt heute ein
   der Mostlinger Sportverein.

   Party, Party ohne Ende,
   vom Pfarrer kommt d'Sangria-Spende.

2. A Badwanna voll Caipirinha
   als Warming-up im Stadl drinna
   gsponsert vom Gemeinderat,
   weil der ein Herz für d'Jugend hat,
   damit auch bei der nächsten Wahl
   alle wählen christsozial.
   Vollgepumpt mit Erdbeerlimes
   liegns im Badeschaum und speibns.

   Party, Party ohne Ende,
   wer noch kann, klatscht in die Hände.

3. Aufgeputscht durch Ecstasy
geht's mit der Landjugend dahi.
De Huaba Mandy ist jetzt dran,
schlank wie Cindy aus Marzahn,
sie wirft sich in die Schaumkanone
selbstverständlich oben ohne.
Da Rudi von der Feuerwehr
springt sofort rettend hinterher.

Party, Party ohne Ende,
die Feuerwehr löscht nicht nur Brände.

4. Derweil ruft die Animation
zur nächsten Alko-Attraktion.
Goaßmaß-Time mit Strohhalmzuzeln,
Girlies sich im Schlamm drin wuzeln.
Beim Schlamm-Catchen für jedermann
greift de dicke Mandy an
mit am Arschbombensprung,
die Schlammwelln druckt fünf Bierbänk um.

Party, Party ohne Ende,
Halligalli im Gelände.

5. „Schatzi schenk mir doch ein Foto"
plärrt da Sepp, da Hans, da Otto.
Die Stimmung kennt kein Halten mehr,
jeder fallt über jeden her.
Draußd im Maisfeld-Labyrinth
manche Eizelln ihrn Befruchter findt.
So sorgt Mostling heute schon,
für die nächste Partygeneration.

Party, Party ohne Ende,
die Hebamm reibt sich die Hände.

Danach fahrns hoam mit'm Turborausch,
fünfe liegen im Krankenhaus und aus.

Der Gartenteich

1. In der Neu-bau-sied-lung am Krä-hen - bi-chl steht's Rei-hen-haus vom Za-cherl

Mi-chl, zwi-schen Thu-jen mit Ba-rock-bal - kon grüßt es dich von wei-tem

schon. Die Per-go-la, echt me-di-ter - ran, fügt sich

an-spruchs-los har-mo-nisch an, doch auf sei'm 20-Qua-drat-me-ter-

Grund gibt's an ge - stal-te-ri-schen Hö-he - punkt: Sein

Gar-ten-teich mit Spring-brun-nen - strahl, auf Knopf-druck

rauscht der Was-ser - fall, da - zu quakt ei-ne Frosch-fa - mi-lie

das Lied der klei-nen Was-ser - li-lie. 2. A Fel-sen-grot-te aus der

Schweiz gibt dem Teich an bson-dern Reiz, da - rin a Ma-don-nen-fi -

gur ver-leiht dem Gan-zen a sa-kra-le Spur. Da - ne-ben auf dem Mu-schel -

berg bie-selt a klei-ner Gar-ten - zwerg und be - tracht die Deh-ner-Um-wälz -

pum-pen, gar - niert mit to - te Gold-fisch - klum-pen. Im

Gar-ten-teich mit Spring-brun-nen - strahl rauscht fröh-lich der Was-ser -

fall, zärt-lich zirpt der Gril - len - mann im Mond-schein

sei - ne Gril-len-Hil-de an. 3. Da Mi - chl von sei'm Teich nicht

weicht, wenn die Mol-chen-Ol-ga laicht. Dann hockt er auf sei'm Mi-ni-

steg, passt auf, dass nea-mands o-ne - geht. Denn vor kur-zem in der

Nacht, da habns eahm al-le Vie-cher gschlacht. Im Droh-brief stand da-bei zu

le-sen, des sei erst der An-fang gwe-sen. Im Gar-ten-teich mit

Spring-brun-nen - strahl, e - lek-trisch rauscht der Was-ser - fall,

hei-ter tan-zen Mü-cken - schwär-me im Was-ser fau-len Fisch-ge-

där-me. 4. Dem nach-bar - li-chen Mord-kom - man-do stinkt der

Teich beim Za-cherl lang scho, denn das Frosch-kon-zert je-de Nacht

Die Couplet-AG – Die ersten 20 Jahre

hat sie um den Schlaf ge - bracht. Da - zu der Ge-stank von Gold-fisch - lei-chen als

daat de Mü-cken-plag ned rei-chen, o - ben - drein vom Was-ser-fall das

Rie - seln er - höht den Drang zum ste - ten Bie-seln. Im

Gar-ten-teich mit Spring-brun-nen - strahl rauscht im-mer noch der Was-ser -

fall, ne-ba'm rot - la - ckier-ten Bie-sel - Wicht der Nach-bars -

hund sei Gschäft ver - richt. 5. A - ber was a ech-ter Teich-ler

is, der gibt ned auf, des sell is gwiss, ins Al-pen-fel-sen-la-by -

rinth a Be - we-gungs-mel-der kimmt. Ge - kop-pelt mit ei-ner Schiffs-si -

re - ne aus dem Nach-lass vom al - ten Lind-ner Be - ne, ein

Mar-ken-ge-rät vom Drit-ten Reich und ned so a bil-ligs Bau-markt -

zeug. Im Gar-ten-teich mit Spring-brun-nen - strahl rauscht lieb-lich

der Was-ser - fall, um-rahmt von dich-tem Sta-chel - draht grüßt der

Selbst-schuss - ap - pa - rat. 6. Doch mit - ten-drin im Kriegs-ge -

schehn, der Mi-chl kann's gar ned ver - stehn, des Gan-ze plötz-lich es-ka -

liert, grad wia-ra d'Tret-mi-nen mon - tiert. Da zreißt's des Not-strom-ag-gre -

gat von sei-na Flut-licht-blend-an - lag'. De Fet-zn fliagn, ois öl-ver -

pest'! De Nach-barn fei-ern jetzt a Fest. Im Gar-ten-teich mit Öl-fon - tä - ne schwarz-ver-schmier-te Plas-tik - schwä-ne, in der stin-ken-den Klo - a - ke treibt a to - te Bi-sam - rat-te. A - bend-stil - le ü - ber - all, nur am Teich die Nach-ti-gall, singt ih - re Wei-se kla-gend und lei - se durch das Tal.

1. In der Neubausiedlung am Krähenbichl
   steht 's Reihenhaus vom Zacherl Michl,
   zwischen Thujen mit Barockbalkon
   grüßt es dich von weitem schon.
   Die Pergola, echt mediterran,
   fügt sich anspruchslos harmonisch an,
   doch auf sei'm 20-Quadratmeter-Grund
   gibt 's an gestalterischen Höhepunkt:

   Sein Gartenteich mit Springbrunnenstrahl,
   auf Knopfdruck rauscht der Wasserfall,
   dazu quakt eine Froschfamilie
   das Lied der kleinen Wasserlilie.

2. A Felsengrotte aus der Schweiz
   gibt dem Teich an bsondern Reiz,
   darin a Madonnenfigur
   verleiht dem Ganzen a sakrale Spur.
   Daneben auf dem Muschelberg
   bieselt a kleiner Gartenzwerg
   und betracht die Dehner-Umwälzpumpen,
   garniert mit tote Goldfischklumpen.

   Im Gartenteich mit Springbrunnenstrahl
   rauscht fröhlich der Wasserfall,
   zärtlich zirpt der Grillenmann
   im Mondschein seine Grillen-Hilde an.

3. Da Michl von sei'm Teich nicht weicht,
   wenn die Molchen-Olga laicht.
   Dann hockt er auf sei'm Ministeg,
   passt auf, dass neamands onegeht.
   Denn vor kurzem in der Nacht,
   da habns eahm alle Viecher gschlacht.
   Im Drohbrief stand dabei zu lesen,
   des sei erst der Anfang gwesen.

   Im Gartenteich mit Springbrunnenstrahl,
   elektrisch rauscht der Wasserfall,
   heiter tanzen Mückenschwärme
   im Wasser faulen Fischgedärme.

4. Dem nachbarlichen Mordkommando
   stinkt der Teich beim Zacherl lang scho,
   denn das Froschkonzert jede Nacht
   hat sie um den Schlaf gebracht.
   Dazu der Gestank von Goldfischleichen
   als daat de Mückenplag ned reichen,
   obendrein vom Wasserfall das Rieseln
   erhöht den Drang zum steten Bieseln.

   Im Gartenteich mit Springbrunnenstrahl
   rauscht immer noch der Wasserfall,
   neba'm rotlackierten Biesel-Wicht
   der Nachbarshund sei Gschäft verricht.

5. Aber was a echter Teichler is,
   der gibt ned auf, des sell is gwiss,
   ins Alpenfelsenlabyrinth
   a Bewegungsmelder kimmt.
   Gekoppelt mit einer Schiffssirene
   aus dem Nachlass vom alten Lindner Bene,
   ein Markengerät vom Dritten Reich
   und ned so a billigs Baumarktzeug.

   Im Gartenteich mit Springbrunnenstrahl
   rauscht lieblich der Wasserfall,
   umrahmt von dichtem Stacheldraht
   grüßt der Selbstschussapparat.

6. Doch mittendrin im Kriegsgeschehn,
   der Michl kann's gar ned verstehn,
   des Ganze plötzlich eskaliert,
   grad wiara d'Tretminen montiert.
   Da zreißt's des Notstromaggregat
   von seina Flutlichtblendanlag'.
   De Fetzn fliagn, ois ölverpest'!
   De Nachbarn feiern jetzt a Fest.

   Im Gartenteich mit Ölfontäne
   schwarzverschmierte Plastikschwäne,
   in der stinkenden Kloake
   treibt a tote Bisamratte.

   Abendstille überall,
   nur am Teich die Nachtigall,
   singt ihre Weise
   klagend und leise
   durch das Tal.

Im Gartenteich mit
Springbrunnenstrahl

Möbelhaus-Tourismus

Samstagmorgen in einer bayerischen, kleinbürgerlichen Wohnung. Vater, Mutter, Tochter und Sohn bereiten sich wie jeden Samstag auf die bevorstehende Fahrt ins Möbelhaus vor. Der Vater steht mit einer Checkliste und einem Stapel Möbelhausprospekten in der Mitte des Raumes und dirigiert seine Gattin, die hektisch auf und ab läuft.

Vater: Frischhaltefolie?

Mutter: Habn ma.

Vater: Thermokühlbox?

Mutter: Schon im Kofferraum.

Vater: Tupperware?

Mutter: Ach, ja!

Vater: *(wichtigtuend)* Aha!

Mutter: *(kommt mit Tupperware zurück)* Du sag amoi, wo geht's denn heit überhaupt hi?

Vater: Zum Möbel Hiendl! Weil da eröffnet heut der Ottfried Fischer die Schlachtwoche.

Mutter: *(kommt nun ebenfalls mit einem Prospekt in der Hand)* Nein, ich möcht zum Emslander, weil da singt heut der Bernd Clüver.

Vater: *(geringschätzig)* Lebt der überhaupt no?

Sohn: *(kommt dazu und mischt sich ein)* Fahrn wir doch zum Biller, weil da san grad die Bayerwaldtage mit Herbert und Schnipsi.

Mutter: *(bestimmt)* Nein, da fahrn ma ned hin. Also wirklich nicht!

Vater: *(genervt)* Entweder wir fahrn jetzt zu „Hin und Mit" in die Küchenabteilung zum Kochduell zwischen Biolek und Schuhbeck oder überhaupt nirgends hin!

Sohn: *(trotzig)* Nein, ich möchte zum Biller fahrn!

Tochter: *(kommt auch dazu)* Oder fahrn wir zum Segmüller? Da san grad de Hacksteaktage mit Truck Stop *(beginnt zu singen)* „Ich möcht so gern Dave Dudley hörn ..."

Während sie singt, beginnt die Situation zu eskalieren; Sohn und Mutter schreien wild durcheinander, der Vater liest weiterhin interessiert die Prospekte.

Mutter: Nein!

Sohn: Kommt nicht in Frage!

Mutter: Sonst no was?

Sohn: Da mag i ned hin!

Vater: *(schüttelt den Kopf und spricht dann ein Machtwort)* Schluss, aus! Mia fahrn jetzt zum Möbel Mahler, weil da kost des Holzfällersteak mit Preiselbeersahne, Kässpatzen und Salatgarnitur nur 2,99! Basta!

Mutter: *(begeisterter Blick, ob des grandiosen Vorschlags)* Mit Preiselbeersahne? Nur 2,99 ? *(schaut Tochter und Sohn an, die nun auch begeistert sind)* Ja, da fahrn wir hin!

frei erzählend

Wia ma's Lebn mit klei-nen Freu-den würzt, aa wenn d'Re - gie-rung noch so

kürzt, habn die Holz-ners jetzt für sich ent - deckt, a wah-re

Lei-den-schaft in eah-na steckt. Vom Veil-chen-weg in Hall-berg -

moos geht's pünkt-lich je-den Sams-tag los. Be-waff-net

mit dem neu-es-ten Pros - pekt nä-hert man sich lust-voll dem Ob - jekt.

im Rhythmus

1. Mit Ha-la - li zu I - KE - A und zum

Un-ger mit lee-rem Bauch und vol-ler Hun-ger, in vor-ders-ter

Front der Bil-lig - fres-ser mit gie-ri-gem Schlund und Plas-tik -

mes-ser. Im Res-tau-rant und Ba-va-ria - Zelt Rie-sen-por -

tio-nen für fast koa Geld. Ma wahl-los al-les nun-ter treibt

und dann am Park-platz draus-sen speibt. Und schon be-ginnt der

Fress-Ex-zess mit'm In-ders-dor-fer Show-Ex-press, bei Holz-fäl-ler-

steak und Moz-za-rel-la läuft jetzt der Wett-kampf „Wer frisst schnel-ler".

Der Va-ti liegt wie im-mer vorn, die Würs-tl quilln eahm aus de Ohrn,

d'Mut-ti geht an drit-ten Schweins-bratn o, d'Nan-cy hockt mit

Durch-fall auf 'm Klo. 2. Da - zwi-schen be-

grüßt man vol-ler Freud wie je-de Woch de glei-chen Leut.

Denn schließ-lich kennt man sich ja un-t'rei - nan-der vom

Seg - mül - ler,   Bil - ler und Ems - lan - der   und dis - ku - tiert ü - bers

Schnit - zel - an - ge - bot,   des grad da Mö - bel In - ho - fer hat,

und   würgt und druckt und mampft und frisst,   wia wenns des

letz - te Mal heit is.   „Am bes - ten", sagt d'Frau Ei - gen - stätt „is's

Su - per - Bil - ler - Brunch - Büf - fet und was i   ned da - fres - sen ko,   pack i in

d'Tup - per - schüs - sl für mein Mo.   Des   glangt ma dann für

d'gan - ze Woch, drum   i seit Jahrn schon nim - mer koch. Ich   bin da

je - den Sams - tag Gast,   weilst ein - fach mehr vom Le - ben hast."

3. De Holz - ners ma - chen jetzt a Pau - se

bei ei - ner klei-nen Bret-tl - jau - se. Zur Show von Mi-cha-el

und Ma-ri - an-ne gönnt man sich die Bau-ern - pfan-ne. Doch

die-sem Jo-del-kunst-ge - nuss macht jäh ein Ein-kaufs-hin-weis Schluss:

„Besuchen Sie in Etage zwei…" der Holz-ner soacht in d'Pal-me nei.

„Sagen Sie mal, was machen Sie denn da?!" Die Stim-mung ist am Sie-de-punkt, der

Mut-ti 's Es-sen auf-fa kummt, der Nan - cy hat's an Darm scho zris-sen,

der Va-ti werd jetzt aus-se - gschmis-sen. Der Heim-weg führt durchs

Mö-bel-haus, denn an-ders kimmst ja da ned naus. Der Va - ti wankt,

de Mut-ti speibt. Im Mö-bel-haus, da is a Freid. Hal - lo.

　　　　　　　　　　　　Die Couplet-AG – Die ersten 20 Jahre

Wia ma 's Lebn mit kleinen Freuden würzt,
aa wenn d' Regierung noch so kürzt,
habn die Holzners jetzt für sich entdeckt,
a wahre Leidenschaft in eahna steckt.
Vom Veilchenweg in Hallbergmoos
geht's pünktlich jeden Samstag los.
Bewaffnet mit dem neuesten Prospekt
nähert man sich lustvoll dem Objekt.

1. Mit Halali zu IKEA und zum Unger
   mit leerem Bauch und voller Hunger,
   in vorderster Front der Billigfresser
   mit gierigem Schlund und Plastikmesser.
   Im Restaurant und Bavaria-Zelt
   Riesenportionen für fast koa Geld.
   Ma wahllos alles nunter treibt
   und dann am Parkplatz draußen speibt.

   Und schon beginnt der Fress-Exzess
   mit'm Indersdorfer Show-Express,
   bei Holzfällersteak und Mozzarella
   läuft jetzt der Wettkampf „Wer frisst schneller".
   Der Vati liegt wie immer vorn,
   de Würstl quilln eahm aus de Ohrn,
   d'Mutti geht an dritten Schweinsbratn o,
   d'Nancy hockt mit Durchfall auf'm Klo.

2. Dazwischen begrüßt ma voller Freid
   wie jede Woch de gleichen Leit.
   Denn schließlich kennt man sich ja untereinander
   vom Segmüller, Biller und Emslander
   und diskutiert übers Schnitzelangebot,
   des grad da Möbel Inhofer hat.
   Und würgt und druckt und mampft und frisst,
   wia wenns des letzte Mal heit is.

   „Am besten", sagt d'Frau Eigenstätt
   „is's Super-Biller-Brunch-Büffet
   und was i ned dafressen ko,
   pack i in d'Tupperschüssl für mein Mo.
   Des glangt ma dann für d'ganze Woch,
   drum i seit Jahren schon nimmer koch.
   Ich bin da jeden Samstag Gast,
   weilst einfach mehr vom Leben hast."

3. De Holzners machen jetzt a Pause
    bei einer kleinen Brettljause.
    Zur Show von Michael und Marianne
    gönnt man sich die Bauernpfanne.
    Doch diesem Jodelkunstgenuss
    macht jäh ein Einkaufshinweis Schluss:
    (eine Lautsprecherdurchsage mit erkennbar sächsischem Akzent)
    „Besuchen Sie in Etage zwei ...“
    der Holzner soacht in d' Palme nei.
    „Sagen Sie mal, was machen Sie denn da?!“

    Die Stimmung ist am Siedepunkt,
    der Mutti 's Essen auffa kummt,
    der Nancy hat's an Darm scho zrissen
    der Vati werd jetzt aussegschmissen.
    Der Heimweg führt durch's Möbelhaus,
    denn anders kimmst ja da ned naus.
    Der Vati wankt, de Mutti speibt.
    Im Möbelhaus, da is a Freid. Hallo.

Anmerkung:
– Bernd Clüver: Schlagerstar der 1970er Jahre („Der Junge mit der Mundharmonika“)
– Marianne und Michael: unverwüstliches volkstümliches Jodelduo
– Hiendl, Emslander, Unger: ehemalige Möbelhausunternehmen
– Möbel Biller, Segmüller: derzeit noch nicht ehemalige Möbelhausunternehmen
  (Stand 2013),
– Ottfried Fischer, Herbert und Schnipsi: werbetreibende Kabarettisten
Dieses Lied aus dem Jahr 1997 dokumentiert nicht nur den Niedergang diverser Unter-
haltungskünstler (Endstation Möbelhaus) und deutscher Tischkultur, sondern auch den
Untergang vieler mittelständischer Möbelhaus-Unternehmen infolge eines aggressiven
Preiskampfes.

Putten, chippen

Anneliese Bauch, die neureiche, füllige Metzgersgattin, erscheint mit Sonnenbrille und Golfschläger schmuckbehangen im hautengen Golf-Outfit – in ihren fleischigen Fingern ein Handy – und baut sich vor dem Publikum auf.

A. Bauch: *(zum Publikum)* Frage! Wer spielt Tennis? San wenig!

Golf? Ah, da hinten zwoa ... Beides? ... Ja, ich hab scho gsehn, die Golfer san die mehran, dann konn ich's Eahna ja erzählen.

Also nie wieder Wurmannsquick! Dieser Tennisclub! Ein Sumpf von Blödheit und Intrigen. Nur noch Grattler am Platz. Sogar unser Putzfrau! Also, wie die des finanziell verkraftet, ist mir ein Rätsel – bei dem Gehalt, des mir ihr zahln. Ihr Bua, der spielt jetzt aa scho Tennis.

Da hab i dann zu meinem Schorschi gsagt: Schorschi, hab i gsagt, wir gehen da nicht mehr hin! *(stolz)* Wir golfen!

Letzte Woch'... Marbella! Vinzenz-Murr-Open! *(schwärmt)* Marbella, kennan S' des? Ned, gell? Ja, des hab ich mir schon gedacht. I sag's Ihnen, ein Traum! Ein golf-architektonisches Meisterwerk!

Weil, wissen S', seit mir nimma selber wursten, sondern nur noch de Wurst vom Vinzenz Murr verkaufen, gehörn mia zu die Murr-VIPs.

Aber dieses Marbella ... einfach gigantisch!

Sie, des is scho a ganz a andere Kategorie, ned wia bei uns ... diese Tschechen-Caddies mit ihrm greißlichen Dialekt.

(äfft den Dialekt nach) Frau soll ich holen Ball?

(genussvoll) Nein! Mei, haben de schöne, schwarze Ausländer. De können zwar aa koa Deutsch, aber die brauchen des auch gar nicht. Weil die haben eine Körpersprache, die lesen dir jeden Wusch von den Augen ab.

(sieht eine zustimmende Zuschauerin) Ah, Sie waren da aa schon mal da? *(bezieht die Zuschauerin als Mitwissende mit ein)* Gell, und dann haben die eine Samthaut und eine dermaßen robuste Natur. Ja die wissen, was eine Frau braucht.

Und dann erst der Marlon! Der Marlon! Dieser Golf-Psychiater aus den Staaten. Was hab ich mit dem gern Atmen geübt! Jetzt weiß ich erst, dass es so was wie einen Atem überhaupt gibt! Seitdem reagiert auch mein Body viel geschmeidiger. *(wippt mit ihren Lenden)* Schaun S'... *(übt gelernte Posen)* des geht jetzt ... und des geht auch wieder ... *(entdeckt im Hintergrund einen Bekannten, der auf sie zukommt)*. Oh mei!

(wieder zum Publikum) Sagn S', dass des ned wahr is! Des is doch da Freibank-Wacki! Dieser Volltrottel! Sagn S' amoi, wer hat denn den eingladen?

Wacki, ebenfalls in geschmacklosem Golfer-Outfit, kommt näher und begrüßt dabei wichtigtuerisch umstehende Bekannte.

Wacki: Servus ... Habe die Ehre ... Griaß de ...

A. Bauch: Ja, griaß de, Wacki!

1. „Bus-si, Bus-si, mei da Wa-cki, guat schaust aus heit, ganz in Kha-ki!",

schreit die Metz-gers-gat-tin schrill im Or-lan-do-Gol-fer-dress

walzt der Wurst-darm voll No-bless durch die An-la-ge mit Stil beim

gro-ßen Pres-sack-Ro-yal-Cup im Golf-res-sort-Vils-bi-burg-Club.

Put-ten, chip-pen, put-ten, chip-pen mit den Len-den nicht so wip-pen,

Bay-erns Pres-sack-Hot-wo-löh, je-der ist ein Golf-gour-met.

Put-ten, chip-pen, put-ten, chip-pen mit den Len-den nicht so wip-pen,

Bay-erns Pres-sack-Hot-wo-löh, mia san ech-te Golf-gour-met.

Die Couplet-AG – Die ersten 20 Jahre

1. „Bussi, Bussi, mei da Wacki,
   guat schaust aus heit, ganz in Khaki!“,
   schreit die Metzgersgattin schrill.
   Im Orlando-Golferdress
   walzt der Wurstdarm voll Nobless
   durch die Anlage mit Stil
   beim großen Pressack-Royal-Cup
   im Golfressort-Vilsbiburg-Club.

   Putten, chippen, putten, chippen
   mit den Lenden nicht so wippen,
   Bayerns Pressack-Hotwolöh,
   jeder ist ein Golfgourmet.
   Putten, chippen, putten, chippen
   mit den Lenden nicht so wippen,
   Bayerns Pressack-Hotwolöh,
   mia san echte Golfgourmet.

A. **Bauch:** *(Handy läutet)* Hallo, Metzgerei Bauch, am Apparat Anneliese Bauch, was kann ich für Sie tun? *(erbost zu den Umstehenden)* Jetzt seids doch ned so laut, i versteh ja koa Wort! Wer is am Apparat? *(freudig erregt)* Ach, Du bist es, Franz! Griaß di, Franz! A Büffett, Franz? Selbstverständlich, Franz! Für wie viel Personen, Franz? Geht in Ordnung, Franz! *(schrill)* Bussiii!
(zum Publikum) Sie, des war jetzt grad der Franz … der Beckenbauer! Ja, der is jetzt a Golfspezl von uns … und der hat nächste Woch scho wieder a Kindstauf. Aber des bleibt unter uns, gell!

2. Nach fünf Stunden Sektempfang
   schlingern sie den Platz entlang
   hin zum großen Golfevent
   bewaffnet mit Graphitkopfschläger,
   der Metzger Bauch, der wird zum Jäger.
   Ein Schlag, ein Treffer, „Excellent!“
   schreit der Innungsmeister laut,
   seither fehlt ihm rechts das Aug.

   Putten, chippen, putten, chippen
   sturzbesoffen alle wippen,
   „Wirkt mein Handicap auch steif,
   i schlag mir den Platz schon reif!“
   Putten, chippen, putten, chippen
   sturzbesoffen alle wippen,
   wirkt ihr Handicap auch steif,
   sie schlägt sich den Platz schon reif.

3. „Halt dei Maul, du Hund du blöder,
   golfen konn doch heut a jeder!",
   verteidigt die Frau Bauch ihrn Mann
   und sucht wie ein Trüffelschwein
   jetzt sein kleines Ballilein,
   damit das Spiel beginnen kann.
   Des Aug vom Innungsmeister ist egal,
   es lockt der Pressack Royal

   Putten, chippen, putten, chippen,
   wenn beim Schlagen wir auch kippen,
   weil mia Metzger sam ma wer,
   voll Golfgefühl und elitär.
   Putten, chippen, putten, chippen
   mit den Lenden nicht so wippen,
   Bayerns Pressack-Hotwolöh,
   mia san echte Golfgourmet.

A. Bauch: *(Handy läutet)* Hallo, Metzgerei Bauch, am Apparat Anneliese Bauch, was kann ich für Sie tun? Ah, Ludmilla! *(zum Publikum)* Des is unser Putzfrau. Der Tennistrampel! *(wieder ins Telefon)* Was seien? *(genervt)* Ich nix wissen, wo Polyboy-Parkettpflege und Meister Proper! Müssen selber suchen! Bin ich grad im fünften Loch, heißen konzentrieren! *(legt auf, dann zum Publikum)* De hat vielleicht Probleme!

4. Beim ersten Schlag vom Fleischer Hopf
   haut er sich selber in den Kopf,
   doch dieser Stier von einem Mann
   kämpft bis ans letzte Loch sich ran.
   Zeigt von Schmerzen keine Spur
   trotz Schädelkompliziertfraktur
   und kurz vorm Ziel, es ist zu dumm,
   kippt er wie ein Mehlsack um

   Putten, chippen, putten chippen
   während sie sein Grab ausschippen
   wird posthum er groß geehrt –
   und zum Sieger vom Pressack-Royal erklärt.
   Putten, chippen, putten, chippen,
   wenn beim Schlagen wir auch kippen,
   Bayerns Pressack-Hotwolöh,
   mia san echte Golfgourmet.

Mein Tier und ich

Gilbert der Rammler

Hauptsach mia habn uns

Gilbert der Rammler

Edmund Geilfuß, pensionierter Registraturbeamter, sitzt auf der Terrasse seiner Doppelhaushälfte und beobachtet, mit einem Feldstecher bewaffnet, den Nachbarn am Teich seines zwanzig Quadratmeter großen Gartens. Ungläubig schüttelt er immer wieder den Kopf.

Edmund: Schaun S', jetzt redet er wieder mit ihm ... obwohl er ihn ned versteht. Aber der red't trotzdem mit ihm. Obwohl er kein Japanisch kann. Ein Koi kann nur Japanisch! Höchstens! Aber des is des mit diese Ausländer, mit dene Exoten! *(wird energisch)* Verboten ghört des, einfach verboten! Ja, a mal an Goldfisch oder a Forelle im Gartenteich, aber doch koan japanischen Zierkarpfen! Bloß, weil der angeblich a bissl a Glück bringt. Als wia wenn's bei uns keine Karpfen gäb. *(doziert)* Tausende von einsamen Karpfen warten auf eine Adoption, droben im Aischgrund. Aber nein, er braucht einen Koi für 6000 Euro! *(macht eine kleine Pause)* Bei seiner Frau hat's dann bloß mehr für eine aus Polen greicht. A Thailänderin war ihm wahrscheinlich zu teuer. *(macht nochmals eine Pause)* Aber die könnt eahm jetzt wenigstens sagen, was der Koi sagt! Aber mia is des ja egal. Hauptsach mia habn uns: mein Rammler und ich!

Schaun S' des gan-ze A-re-al, des war frü-her al-les mal, Ma-ri-en-grot-te, Was-ser-fall, Fel-sn-la-by-rinth und Zwer-gen-tal. Des hab ich al-les weg-ra-siert und völ-lig neu struk-tu-riert für mei-nen al-ler-größ-ten Stolz, mei-ne Ha-sen-vil-la aus Ze-dern-holz.

we-gungs-mel-der, Fuß-bo-den-hei-zung, Mar-mor-bad, als

Bett-hup-ferl an Dall-may-r - Scho-ko-lad. Mein Freund der Gil-bert

ist so ge-bil-det, nicht wie an-de-re ver-wil-dert,

steht auf Wag-ner und auf Strauß, lasst koan Mu-si-kan-ten-sta-dl

aus. Ja weil mein Gil-bert zu Wit-tels-bach ge-hört,

kriagt er ser-viert auf Ta-fel-sil-ber nur vom Schuh-beck, das is

klar, Spi-nat-Ta-tar.

Mei-ne Frau, die tut den Gil-bert has-sen,

des-halb hab ich sie auch ver-las-sen, schlaf in der Vil-la jetzt al-

lein mit ihm, doch wir sind nur sel-ten in-tim. Sein Fell, das fin-de

ich hyp-no-tisch, sei-ne Art to-tal e-ro-tisch, er hat Charme, er

hat Es-prit, bei mei-ner Frau fand ich so et-was nie. Mein sü-ßer

Gil-bert, mein treu-er Gil-bert, was wär mein Le-ben oh-ne

Gil-bert. Die-se Schen-kel, die-ser Bau und nicht so fett wie mei-ne

Frau. Kein Ha-sen - samm-ler kriegt mei-nen Ramm-ler,

nicht mal Fil-bert kriegt den Gil-bert, beim Ver-such ihn mir zu

klaun, ist Filbert verschmurgelt im E-lek-tro-zaun.

Mein Tier und ich

67

1. Schaun S' des ganze Areal,
   des war früher alles mal
   Mariengrotte, Wasserfall,
   Felsnlabyrinth und Zwergental.
   Des hab ich alles wegrasiert
   und völlig neu strukturiert
   für meinen allergrößten Stolz:
   meine Hasenvilla aus Zedernholz.

   Damit mein Gilbert
   mir nicht wird gewildert,
   denn die Nachbarn, de san so gscheert
   und mein Rammler ist begehrt
   und so ein Tier ist schnell verzehrt.
   Drübn der Herr Filbert,
   der will meinen Gilbert,
   schickt täglich anonym Rezepte
   verfasst von seiner Frau.
   Ja, das weiß ich ganz genau.

2. Doch meine Zedern-Hasenvilla,
   ist sicherheitstechnisch auch ein Knüller,
   vom BND jed's Jahr geprüft.
   Damit mein' Gilbert kein Unglück trifft,
   umrahmen Gilbert Starkstromfelder
   mit Hightech-Bewegungsmelder,
   Fußbodenheizung, Marmorbad,
   als Betthupferl an Dallmayr-Schokolad.

   Mein Freund der Gilbert
   ist so gebildet,
   nicht wie andere verwildert,
   steht auf Wagner und auf Strauß,
   lasst koan Musikantenstadl aus.
   Ja weil mein Gilbert
   zu Wittelsbach gehört,
   kriagt er serviert auf Tafelsilber
   nur vom Schuhbeck, das is klar,
   Spinat-Tatar.

3. Meine Frau, die tut den Gilbert hassen,
   deshalb hab ich sie auch verlassen,
   schlaf in der Villa jetzt allein mit ihm,
   doch wir sind nur selten intim.
   Sein Fell, das finde ich hypnotisch,
   seine Art total erotisch,
   er hat Charme, er hat Esprit,
   bei meiner Frau fand ich so etwas nie.

   Mein süßer Gilbert,
   mein treuer Gilbert,
   was wär mein Leben ohne Gilbert.
   Diese Schenkel, dieser Bau
   und nicht so fett wie meine Frau.
   Kein Hasensammler
   kriegt meinen Rammler,
   nicht mal Filbert kriegt den Gilbert,
   beim Versuch ihn mir zu klaun,
   ist Filbert verschmurgelt im Elektrozaun.

Mein Rammler und ich

Schnecken zerschneiden

1. Sie, darf ich Sie jetzt mal was fragn? Ich spür näm-lich, dass Sie was drückt. Sie müs-sen's ja ned of-fen sagn, gell, Ihr Pro-blem macht Sie ver - rückt. Ich fühl die Ag - gres - sio-nen, die tief drin-nen in Ih - nen woh-nen. Kom-men S', gehn ma naus, es is so schee und ich hab da ei-ne I - dee. Wolln Sie sich the-rap - iern, ja dann tun Sie's pro - biern: Schne-cken zer - schnei-den mit Lust. Un-ser Gar-ten ist voll und es geht ja so toll, ein-fach Schne-cken zer - schnei-den mit Lust. Be -

gin-nen S' da - hint in der E - cke, da wohnt ei - ne fet - te Nackt -

schne-cke. Es wird dir ganz leicht und der Zorn in dir weicht beim

Schne-cken zer - schnei-den mit Lust. Auch der Kohl - ra - bi

freut sich, wenn du es tust: Schne-cken zer - schnei-den mit Lust.

2.San S' mit am Pro - blem-kind ver - wandt, des am Leh-rer die

Rei-fen auf - schlitzt und Ha-ken-kreuz' schmiert an die Wand,

dann gibt es nur ei - nes, das nützt. Gehn S' mit ihm in den

Gar-ten hi - naus und pa-cken S' die Gar-ten-scher aus.

Zei-gen Sie ihm die schön-sten Ge - le-ge und gehn ihm dann schnell aus dem

We-ge. Heiß pocht ihm die Brust, denn he - raus muss sein Frust beim

Schne-cken zer - schnei-den mit Lust. Des lässt kei-nen kalt und statt

Vi-deos mit Ge - walt ein-fach Schne-cken zer - schnei-den mit Lust.

Und sehn S' im Sa - lat ei - ne wal-zen, pro - biern Sie's halt

auch mal mit sal-zen. Es ist so be - frei-end, wenn Du es tust:

Schne-cken zer - schnei-den mit Lust. Stell dir vor, es könn-te dein

Nach-bar sein, drum schneid lust-voll in d'Schne-cken hi - nein.

1. Sie, darf ich Sie jetzt mal was fragn?
   Ich spür nämlich, dass Sie was drückt.
   Sie müssen's ja ned offen sagn,
   gell, Ihr Problem macht Sie verrückt.
   Ich fühl die Aggressionen,
   die tief drinnen in Ihnen wohnen.
   Kommen S', gehn ma naus, es is so schee
   und ich hab da eine Idee.

   Wolln Sie sich therapiern,
   ja dann tun Sie's probiern:
   Schnecken zerschneiden mit Lust.
   Unser Garten ist voll
   und es geht ja so toll,
   einfach Schnecken zerschneiden mit Lust.
   Beginnen S' dahint in der Ecke,
   da wohnt eine fette Nacktschnecke.
   Es wird dir ganz leicht
   und der Zorn in dir weicht
   beim Schnecken zerschneiden mit Lust.
   Auch der Kohlrabi freut sich, wenn du es tust:
   Schnecken zerschneiden mit Lust.

2. San S' mit am Problemkind verwandt,
   des am Lehrer die Reifen aufschlitzt
   und Hakenkreuz' schmiert an die Wand,
   dann gibt es nur eines, das nützt.
   Gehn S' mit ihm in den Garten hinaus
   und packen S' die Gartenscher aus.
   Zeigen Sie ihm die schönsten Gelege
   und gehn ihm dann schnell aus dem Wege.

   Heiß pocht ihm die Brust,
   denn heraus muss sein Frust
   beim Schnecken zerschneiden mit Lust.
   Des lässt keinen kalt
   und statt Videos mit Gewalt
   einfach Schnecken zerschneiden mit Lust.
   Und sehn S' im Salat eine walzen,
   probiern Sie's halt auch mal mit salzen.
   Es ist so befreiend, wenn Du es tust:
   Schnecken zerschneiden mit Lust.
   Stell dir vor, es könnte dein Nachbar sein,
   drum schneid lustvoll in d'Schneckn hinein.

Wann die Laichenzeit kimmt

1. Seit Stun-den kau-ert a-tem-los der Brun-ner Sepp im nas-sen Gras,

halb er-frorn trotz sei-ner Wam-pn, be-waff-net mit a Ta-schen-lam-pn. Im

An-ge-sicht der nack-te Tod, der wie ein Ra-che - en-gel droht, da

hört er auch ein Ra-scheln schon, tritt wa-ge - mu-tig in Ak - tion.

Hol-la - re - du - li - jöh, wann die Lai-chen-zeit kimmt, hol-la -

re - du - li - jöh, ist mein Auf-trag be - stimmt, hol-la - re - du - li - jöh, da

hoaßt's für mich nur, hol-la - re - du - li - jöh, Krö-ten - ret-ter on Tour.

1. Seit Stunden kauert atemlos
   der Brunner Sepp im nassen Gras,
   halb erfrorn trotz seiner Wampn,
   bewaffnet mit a Taschenlampn.
   Im Angesicht der nackte Tod,
   der wie ein Racheengel droht,
   da hört er auch ein Rascheln schon,
   tritt wagemutig in Aktion.

   Hollaredulijöh, wann die Laichenzeit kimmt,
   hollaredulijöh, ist mein Auftrag bestimmt,
   hollaredulijöh, da hoaßt's für mich nur,
   hollaredulijöh, Krötenretter on Tour.

2. Sein Einsatzort, echt gnadenlos,
   is d' Kreisstraß draußd im Gillamoos.
   Denn seit sein Laubfrosch Fridolin
   durch einen Herzinfarkt is hin,
   hat er bei sich glei hinterm Haus
   ein Minibiotop jetzt drauß',
   eingezäunt mit Schilfrohrmatten,
   daß Kröten stilvoll sich begatten.

   Hollaredulijöh, is a Kröte in Not,
   hollaredulijöh, und bedroht sie der Tod,
   hollaredulijöh, komm ich voller Mut,
   hollaredulijöh, als Kröten-Robin Hood.

3. Vor zwoa Tag da is's erst gwen,
   da is er wieder draußn glegn
   in seim Amphibienkostüm,
   braun gesprenkelt auf Nato-Grün.
   Sieht plötzlich er ein Krötenpaar,
   des mitten auf der Straß' scho war –
   ein Sprung, ein Griff und dann a Schlag,
   a Landrover eahm platt gmacht hat.

   Hollaredulijöh, doch die Kröten, sie lebn,
   hollaredulijöh, kanns was Schöneres gebn,
   hollaredulijöh, als bis in den Tod,
   hollaredulijöh, zu retten Kröten in Not.

Elsa, die Kakerlake

1. Sie müs-sen jetzt sehr tap-fer sein und nerv-lich auch ganz stark.

Denn was wir Ih-nen jetzt er-zähln, ist grau-sam und echt arg.

Wir ste-hen hier ganz fas-sungs-los, denn El-sa, sie ist tot!

Starb sin-gend bei ihr'm Ret-tungs-sprung im letz-ten Mül-ler Brot.

(gesprochen) Und im Andenken an unsere geliebte Elsa singen wir nun gemeinsam ihr Lied.

Ja, was kann's auf die-ser Welt denn Schön-res ge-ben als ein

fröh-li-ches Ka-ker-la-ken-le-ben. Es le-be hoch

die Brot-fa-brik, sie ist der Ka-ker-la-ke al-ler-höch-stes

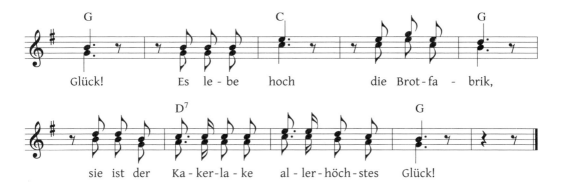

Glück! Es le - be hoch die Brot - fa - brik,
sie ist der Ka - ker - la - ke al - ler - höch - stes Glück!

1. Sie müssen jetzt sehr tapfer sein und nervlich auch ganz stark.
   Denn was wir Ihnen jetzt erzähln, ist grausam und echt arg.
   Wir stehen hier ganz fassungslos, denn Elsa, sie ist tot!
   Starb singend bei ihr'm Rettungssprung im letzten Müller-Brot.

   Und im Andenken an unsere geliebte Elsa singen wir nun gemeinsam ihr Lied.

   Ja, was kann's auf dieser Welt denn Schön'res geben
   als ein fröhliches Kakerlakenleben.
   Es lebe hoch die Brotfabrik,
   sie ist der Kakerlake allerhöchstes Glück!
   Es lebe hoch die Brotfabrik,
   sie ist der Kakerlake allerhöchstes Glück!

2. Geboren in einer Winternacht als armes Flüchtlingskind
   in einer alten Wurstfabrik, auf einem Auge blind.
   Die Mutter wurde umgebracht, der Vater lief davon.
   Doch selbst bei jedem Giftalarm sang sie mit frohem Ton:

   Ja, was kann's auf dieser Welt denn Schön'res geben,
   als ein fröhliches Kakerlakenleben
   Es lebe hoch die Wurstfabrik,
   sie ist der Kakerlake allerhöchstes Glück!
   Es lebe hoch die Wurstfabrik,
   sie ist der Kakerlake allerhöchstes Glück!

3. Unter Einsatz ihres Lebens im Fleischerkühlwaggon
   floh sie des Nachts nach München, der Morgen graute schon.
   Als sie die neue Heimat sah, da strahlte Elsa nur.
   Die Verwandten standen schon Spalier am Tor von Vinzenz Murr.

   Ja, was kann's auf dieser Welt denn Schön'res geben,
   als ein fröhliches Kakerlakenleben
   Es lebe hoch die Fleischfabrik,
   sie ist der Kakerlake allerhöchstes Glück!

Es lebe hoch die Fleischfabrik,
sie ist der Kakerlake allerhöchstes Glück!

4. Die Elsa paarte sich sogleich, doch das Essen war recht schlecht.
Da kam der Müllerbrezen-Mann ihr gerade recht.
Ein Sprung auf seinen LKW mitsamt der Kinderschar
führt sie direkt ins Paradies für viele fette Jahr.

Ja, was kann's auf dieser Welt denn Schön'res geben,
als ein fröhliches Kakerlakenleben
Es lebe hoch die Brotfabrik,
sie ist der Kakerlake allerhöchstes Glück!
Es lebe hoch die Brotfabrik,
sie ist der Kakerlake allerhöchstes Glück!

5. Doch als das Gesundheitsamt dann kam, sprang sie in ihrer Not
mitten in die Teigmaschin', versank im Müller-Brot.
Ihre Kinder konnten flüchten und habn Karriere gmacht,
bei RTL im Dschungelcamp singen sie jetzt Tag und Nacht:

Ja, was kann's auf dieser Welt denn Schön'res geben,
als ein fröhliches Kakerlakenleben
Ein dreifach Hoch, niemals zurück,
das Dschungelcamp ist unser höchstes Glück!
Ein dreifach Hoch, niemals zurück,
das Dschungelcamp ist unser höchstes Glück! Jawoll!

Anmerkung:

Die Firma Müller-Brot musste bereits im Oktober 2009 und im Juni 2010 wegen hygienischer Mängel insgesamt 19.000 Euro Bußgeld zahlen, dennoch erhielt sie wenige Tage später von der Deutschen Landwirtschaftsgesellschaft (DLG) zum sechsten Mal einen Bundesehrenpreis als höchste Auszeichnung für Betriebe der deutschen Backwarenbranche.
Am 30. September 2013 waren wir mit diesem Lied live zu Gast in der Abendschau im Bayerischen Fernsehen. Aufgrund einer Beschwerde bezüglich der Herkunft der einäugigen Kakerlake Elsa wurde unser Beitrag vom BR direkt im Anschluss an die Sendung aus der Internet-Mediathek genommen. Weiterhin wurde uns durch das Landgericht München I unter Androhung von bis zu 250.000 € Ordnungsgeld oder Haft bis zu 6 Monaten untersagt, den Liedtext über die arme Elsa in der ursprünglichen Form aufrecht zu erhalten.
Unser Rechtsanwalt Gunter Fette gab deshalb folgende Stellungnahme ab: „Die Herkunft der Kakerlake liegt im Dunkeln. Zwar hat sie selbst Aussagen über ihre Geburt in einer Wurstfabrik in Niederbayern hinterlassen. Dies wurde aber gerichtsmassig bestritten und ist auch tatsächlich nicht verbürgt. Deshalb haben wir den Geburtsort von Elsa – gemäß richterlicher Anweisung – nun anonymisiert. Und wir widmen das Lied über das Schicksal der Kakerlake Elsa deshalb jetzt auch diesen Richtern am Landgericht München I in besonderer Anerkennung ihres sachkundigen Richterspruchs."

So schön kann Heimat sein

Bavaria Royal

Die Spuren ...

... der Muren

Die Spuren der Muren

Das volkstümliche Gesangspaar Johann & Johanna in volkstümlicher Jodlertracht mit ihrem Heimatplüschschwein Loisl live zu Gast beim Zeltopenairfestival auf der Gatscherkogelruckerspitz.

Sie: Servus, liebe Heimatfreunde!

Er: Schön, dass Ihr wieder mal Zeit habt,

Sie: für mich, die Johanna,

Er: und für mich, den Johann,

Beide: euer singendes Ehepaar aus Ruckertsöd.

Er: Sag amal Johanna, für wen hast du dich denn heute so hübsch gemacht?

Sie: Für unser liebes Publikum natürlich!

Er: Mei, jetzt habe ich mir gedacht für mich.

Sie: Ja, schon auch. Aber weil unser Publikum heut so zahlreich auf die Gatscherkogelruckerspitz zu unserem Zeltopenairfestival raufgfahrn ist, hab ich mich heut bsonders hübsch gmacht.

Er: Und ich hab extra abgnommen.

Sie: Ja, an de Ohrlapperl *(beide lachen dümmlich)*. Übrigens könnts ihr jetzt unser Johann & Johanna-Gwand auch in unserer Johann & Johanna-Boutique bestellen oder hinten im Stadl-Container kaufen. Genauso wie das Heimatschwein „Loisl" in originaler Tracht.

Er: Liebe Freunde, es heißt ja nicht umsonst: „Wem's gfallt, für den ist es das Höchste." Und das Höchste für uns ist, wenn's euch gfallt, gell, liebe Johanna. Und weil's euch so gfallt, wenn's uns gfallt, tun wir euch jetzt den Gfallen und singen einen aktuellen Titel, frisch runter von unserer originellen CD „Wenn Berge weinen".

Fron - leich-nams-fest in den Ber-gen, es war wie je-des Mal, die

Häu - ser ge-schmückt mit Bir-ken, nur ei - nes nicht im Tal. Da

hör - te man ein-en Don-ner und wie von Got-tes Hand: Ei-ne Mu-re riss

die-ses Haus fort und je-der ver- stand. Die Spu-ren der Mu-ren, sie

zei-gen wer nicht glaubt. Die Spu-ren der Mu- ren, das Le- ben ward ge -

raubt. Die Spu-ren der Mu-ren in ei-sig kal- ter Nacht

ha-ben in den schö-nen Ber-gen Trä- nen ge - bracht.

(gesprochen) Nur ich allein überlebte damals in diesem Haus.   *Ja, ich weiß es noch wie*

heute, denn ich grub dich doch aus.   *Die Mure nahm mir meinen Mann, der unser Haus nicht*

schmücken wollte mit Birken zum Fronleichnamsfest.   *Und ich hör noch, wie es grollte.*

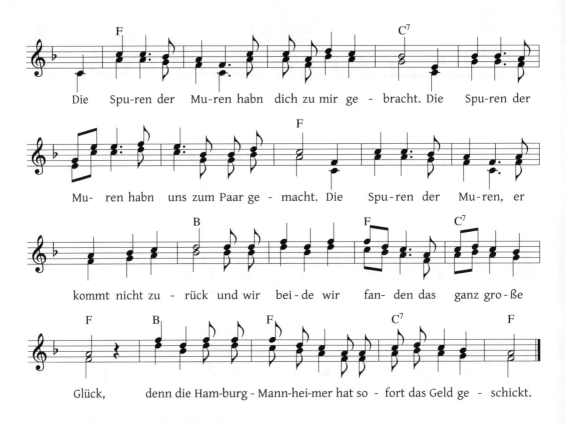

Die Spu-ren der Mu-ren habn dich zu mir ge - bracht. Die Spu-ren der

Mu- ren habn uns zum Paar ge - macht. Die Spu-ren der Mu-ren, er

kommt nicht zu - rück und wir bei-de wir fan- den das ganz gro-ße

Glück, denn die Ham-burg - Mann-hei-mer hat so - fort das Geld ge - schickt.

Fronleichnamsfest in den Bergen,
es war wie jedes Mal,
die Häuser geschmückt mit Birken,
nur eines nicht im Tal.
Da hörte man einen Donner
und wie von Gottes Hand:
Eine Mure riss dieses Haus
fort und jeder verstand.

Die Spuren der Muren,
sie zeigen wer nicht glaubt.
Die Spuren der Muren,
das Leben ward geraubt.
Die Spuren der Muren
in eisig kalter Nacht
haben in den schönen Bergen
Tränen gebracht.

(Zwischenspiel – Johanna spielt die Melodie auf der Melodika, kommt allerdings mit den Triolen nicht zurecht und vergreift sich immer wieder, Johann präsentiert in der Zwischenzeit dem Publikum die CD „Wenn Berge weinen")

(zur Musik gesprochen)

Sie: Nur ich allein überlebte
damals in diesem Haus.

Er: Ja, ich weiß es noch wie heute,
denn ich grub dich doch aus.

Sie: Die Mure nahm mir meinen Mann,
der unser Haus nicht schmücken wollte
mit Birken zum Fronleichnamsfest.

Er: Und ich hör noch wie es grollte.

Die Spuren der Muren
haben dich zu mir gebracht.
Die Spuren der Muren
haben uns zum Paar gemacht.
Die Spuren der Muren
er kommt nicht zurück
und wir beide wir fanden
das ganz große Glück,
denn die Hamburg-Mannheimer
hat sofort das Geld geschickt.

... haben uns zum Paar gemacht

Knackwurst im Rosengarten

1. Es war Weih-nacht in den Do-lo - mi-ten, ich saß wei-nend ganz al -

lein in der Au - to-bahn-ka - pel-le, da hör-te ich im Ker-zen -

schein vom Park-platz ein lei-ses Stöh-nen, ein Hün-de-lein im To-des -

kampf, und ich hab es ge - fun-den vom Schick-sal fest-ge-bun-den am

Baum. Klei - ne Dai - sy, du muss-test war-ten in stei - ler

Do - lo - mi - ten - wand auf mei - ne Knack-wurst im Ro - sen -

gar - ten, wo ich dich an - ge-bun - den fand. Ja ei - ne

Knack - wurst kann viel be - deu-ten, sie ret - tet dich in heil - ger

Nacht. Von fern die Weih - nachts - glo - cken läu - ten, die dir schon

fast den Tod ge - bracht.

2. Sag mir, Dai-sy, wer ist denn so grau-sam, lässt oh-ne Knack-wurst dich al -

lein, weg-ge - wor-fen in der Käl-te, frie-rend auf nack-tem Fel-sen -

stein. War es Zu-fall o - der Schick-sal da-mals in der Weih-nachts -

nacht, als dich mei-ne Knack-wurst so froh und glück-lich hat ge -

macht. Klei - ne Dai-sy, du muss-test war - ten in stei - ler

Do - lo - mi - ten - wand auf mei - ne Knack - wurst im Ro - sen -

gar - ten, wo ich dich an - ge - bun - den fand. Heu - te

fragt mich dein treu - er Blick, krieg ich noch ein Knack - wurst -

stück und wir schaun uns bei - de an weil mit der

Knack - wurst es be - gann! und wir schaun uns bei - de

an weil mit der Knack - wurst es be - gann!

1. Es war Weihnacht in den Dolomiten,
   ich saß weinend ganz allein
   in der Autobahnkapelle,
   da hörte ich im Kerzenschein
   vom Parkplatz ein leises Stöhnen,
   ein Hündelein im Todeskampf,
   und ich hab es gefunden,
   vom Schicksal festgebunden am Baum.

   Kleine Daisy, du musstest warten
   in steiler Dolomitenwand
   auf meine Knackwurst im Rosengarten,
   wo ich dich angebunden fand.
   Ja eine Knackwurst kann viel bedeuten,
   sie rettet dich in heilger Nacht.
   Von fern die Weihnachtsglocken läuten,
   die dir schon fast den Tod gebracht.

Und wir schaun uns beide an ...

2. Sag mir, Daisy, wer ist denn so grausam,
   lässt ohne Knackwurst dich allein,
   weggeworfen in der Kälte,
   frierend auf nacktem Felsenstein.
   War es Zufall oder Schicksal
   damals in der Weihnachtsnacht,
   als dich meine Knackwurst
   so froh und glücklich hat gemacht.

   Kleine Daisy, du musstest warten
   in steiler Dolomitenwand
   auf meine Knackwurst im Rosengarten,
   wo ich dich angebunden fand.
   Heute fragt mich dein treuer Blick,
   krieg ich noch ein Knackwurststück,
   und wir schaun uns beide an,
   weil mit der Knackwurst es begann!

   Und wir schaun uns beide an,
   weil mit der Knackwurst es begann.

... weil es mit der Knackwurst
begann

Anmerkung:
Dieses Lied singt bei uns „die Stimme ohne Heimat" Jacqueline Charel Ödner und es ist die
ultimative Hommage an alle Kollegen der Original Kastelruther Flipper-Amigos.

Weißblau und heiter

Personen: Hedi Hörauf, Rundfunkmoderator, Vroni Wellmeier, singender Spatz aus Dachau, sowie die Heimatpoeten Helmut Schwänzl und Fritz Zacherl

Volksmusikliveübertragung aus dem Studio 1, in der Reihe „5 Minuten Heimat auf Bayern 1". Hedi Hörauf, eine Legende in Sachen Volksmusik, betritt die Studiobühne.

Hedi Hörauf: *(beginnt in einem eigenwilligem Singsang, unverkennbarer Stimmmodulation und Betonung sowie Textwiederholungen seine Moderation)* Liebe Leit, heit is wieda a moi soweit. Mia san heit wieda a moi beinand und i gfrei mi ja ganz aufrichtig, dass i do sei derf bei eich. I sog a aufrichtigs griass God eich alle miteinand, do herinna in unserem festlichen Studio und dahoam an de Rundfunkempfänger, zu unserer heitigen Sendung „5 Minuten Heimat auf Bayern 1". I bin ja überglückli, dass i wieda zGast sei derf, als euer Hedi Hörauf und i daat sogn, mia hoitn uns jetzt gar nimma lang auf, mia macha weita im Programm. Und den Auftakt macht uns jetzt die Vroni Wellmeier, die auch der singende Spatz vo Dachau ghoassn wird, mit der Wunschmelodie der Woche. Und i daat sogn, mia hoitn uns jetzt gor nimma lang auf und macha weita im Programm. I derf die Vroni jetzt auf die Bühne bitten. *(blickt suchend umher nach Vroni)* Wo is, wo bleibts, wo hod sa se vaschloffa? *(Vroni, eine gedrungene Volksmusikantin und Sängerin kommt schüchtern auf die Bühne)* Da is ja eh scho! Lass de oschaun! Kimm her zu uns. Schee, dassd do bist! Ja, liabe Vroni i hob scho a wenig was über di vazählt, weil mia zwao, mia kenn ma uns scho lang. *(zum Publikum)* I woaß ned, ob Sie des wissn, aber i verzähl's Eahna trotzdem. Weil, mia hobn ja scho allerweil als Kinda miteinanda zu vierta schafkopft, dei Papa, du und i ...

Vroni: *(Vroni etwas gehemmt, berichtigt)* Zu dritt war ma!

Hedi Hörauf Ja genau, zu dritt san ma gwesn. Und i daat sogn, mia hoitn uns jetzt gar nimma lang auf und macha weita im Programm. Vui Spaß und guate Unterhaltung mit unserem Spatz aus Dachau.

(Hedi geht ab)

Vroni: *(zu Hedi, der dieses aber nicht mehr hört)* Nein, Nachtigall hoassens mi dahoam. *(beginnt zu singen und grinst einfältig dabei)*

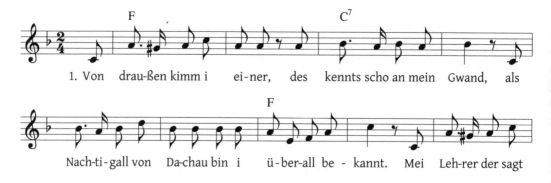

1. Von drau-ßen kimm i ei-ner, des kennts scho an mein Gwand, als Nach-ti-gall von Da-chau bin i ü-ber-all be-kannt. Mei Leh-rer der sagt

Die Couplet-AG – Die ersten 20 Jahre

heut noch, i hätt im Hirn was ghabt und wenn's a Rad-l zvui waar, bei

mir da hat was gschnappt. Weil ich koan Ma-na-ger ha-be, fehlt bis-her mein Er -

folg, drum sing i bloß am Land draußd fürs rus-ti-ka-le Volk. I

waar so gern a Su-per-star und presst gar auf C - D, dann sin-gat i beim

Boh-len und in da Hit-pa-ra-de. Doch weil mei-ne Be-ga-bung noch

nie-mand hat ent-deckt, ar-bat i in da Spar-kass', Gschäft-stel-le Plan-egg.

Die Nachtigall von Dachau
Von draußen kimm i einer, des kennts scho an mein Gwand,
als Nachtigall von Dachau bin i überall bekannt.
Mein Lehrer der sagt heut noch, i hätt im Hirn was ghabt
und wenn's a Radl zvui waar, bei mir da hat was gschnappt.
Weil ich koan Manager habe, fehlt bisher mein Erfolg,
drum sing i bloß am Land draußd fürs rustikale Volk.
I waar so gern a Superstar und presst gar auf CD,
dann singat i beim Bohlen und in da Hitparade.
Doch weil meine Begabung noch niemand hat entdeckt,
arbat i in da Sparkass', Geschäftsstelle Planegg.

Ja mei Talent is Wahnsinn, des braucht ma koana sagn
und an dieser großen Bürde, da hab ich schwer zu tragn.
Meine Wollust stets zu singen, ja de is riesengroß,
„Ein Stern der deinen Namen trägt" des hab i aa scho los.
Und gibt's bei uns im Dorf dazua Gelegenheit,
dann schmettert i glei los, denn ich bin stets bereit.
I waar so gern a Plattenstar und presst gar auf CD
dann singat i beim RTL und kriag a goldne Schallplatte.
Doch weil meine Begabung noch niemand hat entdeckt,
arbat i in da Sparkass', Geschäftsstelle Planegg.

Mein größter Wunschtraum wäre a Duett mit Stefan Mross.
Wenn der für mich bläst, wär des die Riesenchance.
Oder vielleicht aa a Auftritt im nächstn Dschunglcamp,
Hauptsach i werd entdeckt, da bin ich ungehemmt.
Als „Nachtigall von Dachau" waar i am Schlag bekannt,
als singendes Wunder aus dem Dachauer Hinterland!
I waar so gern a Plattenstar und presst gar auf CD,
dann singat i beim Silbereisen in da Olympiahalle.
Doch weil meine Begabung noch niemand hat entdeckt,
arbat i in da Sparkass', Geschäftsstelle Planegg.

(Vroni ins Publikum)

Danke! Und, wenns ma an Manager wissen, der mich berühmt macht, dann bitte gleich zu mir hinter d'Bühne schicken ! Ich bin zu allem bereit!

(Hedi kommt erneut auf die Bühne)

Hedi: *(schüttelt Vroni die Hand und schiebt sie zur Seite)* Ja, ein herzliches Vergelts Gott für dieses erbauliche Liad, des einem wieda a moi so richtig ausm Herzen gsprochen hat *(schiebt sie zur Seite, damit sie die Bühne verlässt)* ... und i daat sogn, mia hoitn uns gar nimma lang auf und macha weita im Programm. Denn, de Liab zur Hoamat, de komma am Besten ausdrucka in Gedichterl und deswegn homma uns heit a wieda a moi auf vielfachen Wunsch unserer treuen Zuhörer, der Stoiber Karin aus Wolfratshausen und dem Jupp Korschenbroich-Wolaczek aus Mecklenburg-Vorpommern, zwoa Poeten eigladn. Es san des zugleich unsere zwoa Hauspoeten des Bayerischen Rundfunks. Mit Namen san des, da Schwänzl Helmut und da Zacherl Fritz. Es san des auch die zwei tragenden Säulen des weißblauen Geschichterl-Dichterl e.V.s. Und i daat sogn, mia hoitn uns gar nimma lang auf und i derf sie jetzt auf die Bühne bitten. *(Blickt suchend umher)* Wo seids, wo bleibts, lasst eich oschaun, wo habts eich denn vaschloffa?!

(entdeckt beide)

Ja, da sans ja eh scho! Servus, griass eich God! *(Begrüssung der Poeten, schüttelt überschwänglich beiden die Hand)* Zja, i hob grod scho a wenig wos über eich vazählt. Dassds ihr die tragenden Säulen seids und ihr habts uns ja bestimmt heut aa wieda a moi wos mitbracht und vielleicht jetzt glei a moi glei die Frag an di, wos habts uns denn heit mitbracht?! *(wendet sich dabei an Helmut Schwänzl, aber Fritz Zacherl antwortet ungefragt)*

Fritz Zacherl: Gedichterl.

Hedi: Gedichterl habts uns mitbracht. *(macht unbeirrt mit einer Frage an Helmut Schwänzl weiter)* Und jetzt doch die Frag an di, wos fir Gedichterl habts uns denn mitbracht?!

Helmut Schwänzl: Ganz nette Gedichterl.

Hedi: Zja, ganz nette Gedichterl homs uns mitbracht und daat sogn, mia hoitn uns gar nimma lang auf. Und i woas ned, wia Ihr's macha woits? Vielleicht fangt da oa o und da andere foit nei?! Aba i daat sogn, mia hoitn uns jetzt gar nimma lang auf und fanga jetzt glei o. *(zum Publikum)* I derf eich jetzt dazua vui Spass und guate Unterhaltung wünschen. Doch zuvor möcht I mi no verabschieden und sag ein aufrichtiges Pfia God, bleibts gsund, bis zum nächsten Moi, wenn's wieder hoast „Fünf Minuten Heimat auf Bayern 1 mit eiara Hedi Hörauf", Pfia God beinand! *(Hedi geht winkend ab, die Poeten beginnen, beide sortieren umständlich ihre Textblätter und setzen sich)*

Fritz Zacherl: Nachdem des Fruajohr jetzt scho glei wieda vorbei is, des haoßt, dass mia glei scho wieda Winta habn, möcht i jetzt a Gedichterl vortragn des genau in jede Jahreszeit eini passt: „Da Baam". *(wiederholt)* „Da Baam".

Mia ham in unserm grossn Gartn
an Lindnbaum an ganz an zartn.
Und neili wia i drunter steh,
da wird ma drin im Herz ganz weh,
I denk du guata braver Baam,
wia duast as du so schlecht bloss habn? *(betont dabei absichtlich falsch)*
Bei Wind und Wetter stehst herausd,
werst gschüttelt und zerzaust.
Drum dua i, weil i nimma zuaschaun kann,
di morgn glei ausgrabn,
und pflanz di in mei Häuserl nei,
da kann koa Wind, koa Wetter nei!

(steht auf und verneigt sich, Helmut Schwänzl applaudiert begeistert)

Helmut Schwänzl: So, na fang jetzt i o!!

'S Johr. *(wiederholt und betont)* Das Jahr!
Wenns Johr ofangt,
dann dauerts nimma lang –
und, es is um!

(Pause, Fritz Zacherl irritiert. Er applaudiert verhalten, Schwänzl lacht)

Ja, i hob ma scho denkt, das mei Gedichterl a wengerl kurz is, drum hob i no a zwoats mitbracht. As Zwoate.

Im Auto fahr i schnell dahi,
der Himmi der is blau,
auf oamal kracht's an meina Scheibn,
und i schau!
An Herzschlog lang, bin i daschrocka,
a VOGERL – dabaazt,
i konns ned glaubn,
des ghört doch ned an dWindschutzscheibn,
du ghörst doch auf an Baam!

(stehen beide auf, verneigen sich und gehen erfolgserfüllt ab)

Anmerkung:
Diese Szene mit Hedi Hörauf alias Hedi Heres (Moderatorin von Hörfunk- und Fernsehsendungen, sowie Mitglied der Münchner Turmschreiber) brachte durch das Absenden im Hörfunk des BR einen erheblichen Eklat. Eine stattliche Anzahl an Traditionalisten nahmen dabei in zahlreichen Anrufen und Briefen erbost Stellung über die Verunglimpfung ihrer Volksmusik-Ikone. Berüchtigt waren zudem ihre Volksmusikwunschsendungen, in der sie bayerische Scheinwelten zelebrierte.

Dolde der Heimat

Ein kampferprobter Holledauer Bierzelt-Moderator; Janine Empfenseder, Kandidatin für die Wahl der „Miss Dolde"; die Jury bestehend aus Alois Empfenseder, Kreisrat und Lagerhausbesitzer der Hopf Co. KG, und S. Schlappmann, CSU-Staatssekretär

Hochtemperierte Bierzeltstimmung, alles ist gerüstet zur unmittelbar bevorstehenden Wahl der „Miss Dolde". Der Moderator betritt die Bühne, auf der sich die Jury bereits postiert hat. Es ertönt ein Tusch.

Moderator: *(leiernd und in breitem Dialekt)* Liebe Volksfestbesucher, ich darf kurz um ihre wertgeschätzte Aufmerksamkeit bitten. Also meine Damen und Herren, mia kommen jetzt zum Höhepunkt unseres Festes, auf den Sie bestimmt scho lange gewartet haben. Mia wählen heute die Hopfendoldenkönigin!
(zu einem Herrn ins Publikum, leicht tadelnd) Hallo, wennst an Klowagen suachst, da Toilettenwagen steht heuer auf da andern Seitn!
(widmet sich wieder dem Publikum) Der Vorausscheid, liebe Volksfestfreunde hat ja bereits letzte Woche im Nebenzimmer vom Langbräu stattgefunden und wir haben es nicht leicht gehabt, die Bewerberinnen auf Herz und Dolden zu prüfen. Aber wir haben uns entschieden!
Als erste Bewerberin möchte ich nun die Janine Empfenseder aus Pfeffenhaus ...,
(stammelt und liest dann ab) aus Pfafferh ..., nein, aus Pfaffenhofen auf die Bühne bitten.

Janine: *(Janine, eine leicht infantile, vollfleischige Enddreißigerin mit tiefem Dekolleté kommt auf die Bühne)* Hallo, liebe Jury! Grüß Gott liebes Publikum!

Moderator: Janine, du machst die Sach scho ganz guat. Und die erste Aufgabe hast auch scho erfüllt: *(zum Publikum)* Sie ist über 18!

Janine: I gfrei mi ja so riesig! *(etwas leiser zum Moderator)* Heut steh i scho zum zehnten Mal da heroben!

Moderator: *(zischt sie an)* Halt dein dummes Maul. *(Freundlich zum Publikum)* Des is schee! Du bist also die Tochter der Hopfeneheleute Kreszenz und Michi Dinglreiter.

Janine: Nein, ich bin die Janine Empfenseder, ned Dinglreiter! Mit dera blädn Matz möcht i net verwechselt werden! Ich arbeite im Büro von meinem Onkel, dem Besitzer der Hopf Co KG, der heit zufällig auch in der Jury sitzt. Griaß di Onkl Alois! *(winkt dabei vertraulich zu Alois Empfenseder, der den Gruß erwidert)* Meine Hobbys sind Stricken, die Junge Union, die junge Erwachsenengruppe der Kolpingfamilie, Stadlparties, Hormonyoga und der Lochstickereikurs bei da Kreisbäuerin. Außerdem näh i mir ois selber, aa des was i heut anhab. An dera Stell möcht i mi aa bei meinem Freund bedanken, der heut zufällig im Publikum sitzt. *(winkt ins Publikum und schreit)* Servus, griass di! *(wieder zum Moderator)* Er hat mich in der harten Vorbereitungszeit wahnsinnig unterstützt, sonst hätt ich des seelisch und moralisch gar nicht derpackt. Dann bedanke ich mich noch bei meiner Hebamme, die schon bei meiner Geburt gsagt hat, dass aus mir ganz was Bsonders wird, weil ich damals schon so an außergewöhnlichen Körperbau ghabt hab *(wippt dabei fordernd unter ganzem Einsatz des Oberkörpers).*

Moderator: Das finden wir auch *(giert lüstern auf ihre stattliche Oberweite)*. Aber bevor wir jetzt zur spannenden Wahl schreiten, möchte ich zuerst unsere Jury herzlich begrüßen. Es ist der schon erwähnte und allseits hochgeachtete Kreisrat und Lagerhausbesitzer der Hopf Co. KG, Alois Empfenseder, und der nicht minder hochverehrte Herr Staatssekretär Schlappmann in Vertretung für unseren leberkranken Abgeordneten, unsern Schlappinger Gustl. Beide erfahrene Königinnen- und Doldenexperten. *(beide erheben sich von ihren Plätzen und grüßen freundlich ins Publikum, Applaus)*

Moderator: *(jovial)* Herr Staatssekretär, darf ich Dich um ein paar Worte bitten?

Schlappmann: *(baut sich staatsmännisch vor dem Publikum auf und beginnt in Straußscher Manier zu sprechen)* Verehrte Festgäste, indem die Bayerische Staatsregierung, die ich heute hier vertrete, mich gebeten hat ein paar Grußworte an Sie zu verkünden, möchte ich dieses nun auch tun: Liebe Anwesende, liebe Raucher vor dem Zelt draußen! Was will uns das heute hier ins Haus stehende Ereignis sagen? Ich meine und bin dabei der festen Überzeugung, dass in der Königin der Dolden sich unser Bier und unser Vaterland vereinigt. Deshalb ist diese Wahl auch eine Schicksalswahl. Denn die Königin ist es, die uns das nächste Jahr in Au, in Wolnzach, in Schweitenkirchen, in Pfaffenhofen ... also praktisch überall auf der ganzen Welt vertritt.
Es muss deshalb eine würdige Vertreterin sein. Ich wünsche der heutigen Veranstaltung einen guten Verlauf und der Jury, der ich auch selbst angehöre, eine glückliche Wahl! Ich danke für Ihre Aufmerksamkeit *(abermals Applaus)*.

Moderator: Wir danken für die aufrüttelnden Worte des Herrn Staatssekretär und begrüßen jetzt die hier anwesenden anderen Königinnen aus nah und fern mit der Bitte sich zu erheben! *(Janine drückt derweil gelangweilt daneben stehend in ihrem Gesicht Pickel aus)*

(Der Moderator fordert nun durch Handbewegungen arglose Zuschauerinnen im Publikum auf, sich von ihren Plätzen zu erheben)

Die bayerische Rüscherlkönigin! Die Stadlkönigin! Schnapskönigin! Die Runkelrübenkönigin! *(etwas weggesprochen)* Steh nur auf und lass de oschaun! Die Kartoffelkönigin! Und die Miss Hasenbergl!
Doch weiter jetzt mit unserer Kandidatin!

Janine: *(blickt blöd und drückt immer noch Pickel aus)* Ach so, i derf jetza wieder was sagn? Moment! *(baut sich vorm Publikum auf und rückt ihre Oberweite zurecht)* I möcht nämlich, dass des ganze a bissl witzig rüberkommt!
Also: Ich liebe den Hopfen, die Hallertau, meine Heimat, und darum möcht ich euch Eure Königin machen!

Moderator: Ist sie nicht spontan und lustig, unsere Janine?! Dann wollen wir mal sehen, ob unsere Startnummer eins zu Recht hier steht. Was wirst Du uns jetzt darbieten? Mit einem Hula-Hoop-Reifen kreisen, schuhplatteln oder machst an Bauchtanz? *(Jury unterbricht)*

Alois: Wenn wir uns kurz einschalten dürfen: Es könnte auch ein kleiner Hopfendolden-Striptease sein. Des wär uns auch recht!

Schlappmann: *(setzt nach)* Ja, sogar sehr!

Janine: Nein, ich hab ein kleines Lied vorbereitet, das ich nun zum Besten geben möchte.

Moderator: *(bricht Janine ab, Schlimmes ahnend)* Des spar ma uns! Wir gehen gleich zur Startnummer zwei, zur Natascha Lechleitner. Ich darf sie auf die Bühne bitten. *(wartet einige Zeit)* Natascha Lechleitner bitte auf die Bühne!

Janine: *(nutzt die Gelegenheit)* Dann könnt ich jetzt mein Lied …

Moderator: *(geistesgegenwärtig)* Des spar ma uns auch weiterhin! *(ruft abermals)* Natascha Lechleitner! *(gespielt resigniert)* Tja, da kann man nix machen. Dann ruf ich auf, die Chantalle Reitberger!

Janine: *(mischt sich abermals in die Moderation)* De war grad vorher noch beim Flatrate-Saufen an der Bar hint!

Moderator: *(beschwichtigt)* Staad bist! Die Chantalle Reitberger bitte auf die Bühne! Die Chantalle bitte!

Alois: *(Jury mischt sich ein)* Naa, nehma doch de *(zur Janine)* so wia beim letzten Mal aa!

Moderator: Ja, dann haben… dann haben wir eine neue, alte Doldenkönigin: Die Janine Empfenseder aus Wolnzach. Einen Riesenapplaus für die Janine!

Janine: *(berichtigt)* I bin aus Pfaffenhofen!

Schlappmann: Des is doch wurscht! *(animiert das Publikum zum Klatschen)*

Janine: *(lässt sich bejubeln)* Danke, Danke! Mei, ich bin das glücklichste Fräulein heut da herinnen im Bierzelt!

Moderator: *(überreicht Schärpe und Krone)*

Alois und Schlappmann: Herzlichen Glückwunsch! *(Küssen gierig die Janine und begrapschen sie)*

Moderator: Die Moderation gratuliert selbstverständlich auch! *(küsst ebenfalls ausführlich und intensiv)*

Alois: *(unterbricht)* Herr Moderator, der Preis!

Moderator: Ach ja, der Preis! Janine, Frage! Was möchtest lieber haben: Eine Dampfbügeleisenstation von Haushaltswaren Schlappinger oder ein Jahr lang jeden Sonntag eine Schweinshaxe vom Bräuwastl?

Janine: *(entrüstet)* I bin doch koa Mastsau! Da nimm i liaba des Dampfbügeleisen…

Moderator: *(lächelt süß-sauer und fährt eilig fort)* Abschließend darf ich mich bei allen Beteiligten recht herzlich bedanken, ganz besonders bei der Jury für ihre harte Arbeit. Ich denke, ich spreche im Namen aller: Janine wird eine würdige neue Königin abgeben!

Janine: *(nutzt jetzt ihre Chance)* Liebe Untertanen, jetzt bin ich Euer gar und ganz, mit Zepter, Dolden und mit Kranz!

Janine: Und jetzt sing i mei Liad!

Moderator: *(resignierend)* Wenn's sein muss! Bitte …

Janine: *(singt nun ihr Lied, alles schunkelt vergnügt mit)*

1. I bin de schee Ja - ni - ne, a Hol - le - dau - er Kind, mein
wohl - ge - form - ter Kör - per am Dol - den - trieb gleich - kimmt. Voll e -
ro - ti - scher Ge - füh - le ist mein In - nen - lebn und wenn i des moi
aus - pack, da könnts was er - lebn! Hab i recht o - da ned? Da
gibts koa Wi - der - red! Dol - de der Hei - mat werd ich ge - nannt,
Per - le der Hol - le - dau, ü - ber - all be - kannt. Dol - den der Hei - mat,
schwe - rer als Gold, mein sehn - suchts - vol - ler Blick ü - ber dei - ne Wan - gen
rollt, mein sehn - suchts - vol - ler Blick ü - ber dei - ne Wan - gen rollt.

letzter Refrain:

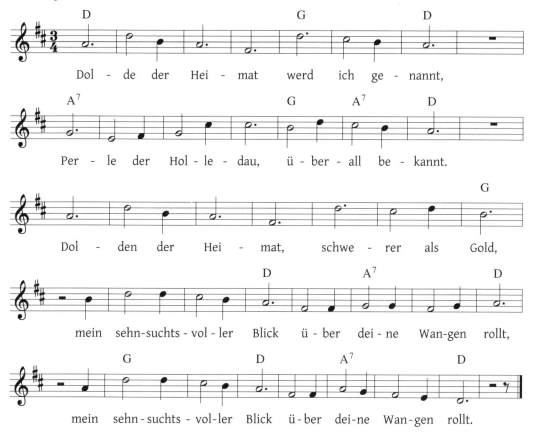

Dol - de der Hei - mat werd ich ge - nannt,

Per - le der Hol - le - dau, ü - ber - all be - kannt.

Dol - den der Hei - mat, schwe - rer als Gold,

mein sehn-suchts-vol-ler Blick ü - ber dei - ne Wan-gen rollt,

mein sehn-suchts-vol-ler Blick ü-ber dei-ne Wan-gen rollt.

1. I bin de schee Janine, a Holledauer Kind,
   mein wohlgeformter Körper am Doldentrieb gleichkimmt.
   Voll erotischer Gefühle ist mein Innenlebn
   und wenn i des moi auspack, da könnts was erlebn!
   Hab i recht oda net?
   Da gibt's koa Widerred!

   Dolde der Heimat werd ich genannt,
   Perle der Holledau, überall bekannt.
   Dolden der Heimat, schwerer als Gold,
   mein sehnsuchtsvoller Blick über deine Wangen rollt,
   mein sehnsuchtsvoller Blick über deine Wangen rollt.

2. Am Tag da zupf i Hopfa, auf d'Nacht da geht's dahin,
   weil i in unsrer Disco das Flatrate-Girlie bin.
   Da vergisst Du jede Girlgroup und aa de Pamela,
   da schreit de ganze Disco: „Janine, gibs uns, ja!"
   Mein Anblick ist Genuss,
   drum sing ma jetzt zum Schluss:

   Dolde der Heimat wird sie genannt,
   Perle der Holledau, überall bekannt.
   Dolden der Heimat, schwerer als Gold,
   ihr sehnsuchtsvoller Blick über unsre Wangen rollt,
   ihr sehnsuchtsvoller Blick über unsre Wangen rollt.

   (gesprochen)
   Und jetzt liebe Volksfestbesucher noch einmal alle miteinander!

   Dolde der Heimat werd ich genannt,
   Perle der Holledau, überall bekannt.
   Dolden der Heimat, schwerer als Gold,
   mein sehnsuchtsvoller Blick über deine Wangen rollt,
   mein sehnsuchtsvoller Blick über deine Wangen rollt.

Anmerkung:
Der überbordenden Flut von Königinnen-, Prinzessinnen- und sonstigen Misswahlen wurde hiermit ein längst überfälliges Denkmal gesetzt.

Von Gesunden und zu wenig Untersuchten

Da müss' ma operiern

A Glaserl Eigenurin ...

Eigenurin

Sabrina Lichtlein vom Esoterikerinnen-Bund erscheint mit verklärtem Blick

Lichtlein: So meine Lieben, wir bilden jetzt einen Kreis und lassen uns durch tiefes Ausatmen in den Zustand des richtigen Zeitpunkts fallen. Alles in uns ist Klang, Schwingung und Rhythmus durch die sieben Impulse des Mondes.
Damit wir dahin gelangen, benötigen wir auch die richtige Einstellung, *(zu einem Zuschauer)* auch Sie da vorne! Durch ihr einfältiges Grinsen drücken Sie nicht nur Hilflosigkeit aus, Sie spielen auch mit dem Schicksal ihres Körpers!
Schauen Sie ihn sich doch an, diesen trägen, lauwarmen, dahinfließenden Leib.
Warum sind Sie heute hier? Um die Wissenden zu verhöhnen? Die achten auf ihre Körpersprache, die ignorieren nicht das Signal für den Stuhlgang und warten dann Stunden oder Tage bis es wiederkehrt! Aber verzweifeln Sie nicht, Ihnen kann geholfen werden.
Ich möchte Ihnen jetzt den Landwirt Ludwig Siegeleisen vorstellen, der durch intensiven Dialog mit sich selber und dem Mond jetzt in der Lage ist, seine Körpersäfte in ungeahnte Wirkstoffe umzuwandeln. In seiner Heimat, der Oberpfalz nennt man ihn auch den Heiligen von Windischeschenbach. Herr Siegeleisen, bitte!

Auftritt von Ludwig Siegeleisen mit einer gefüllten gläsernen Bettflasche in der Hand.

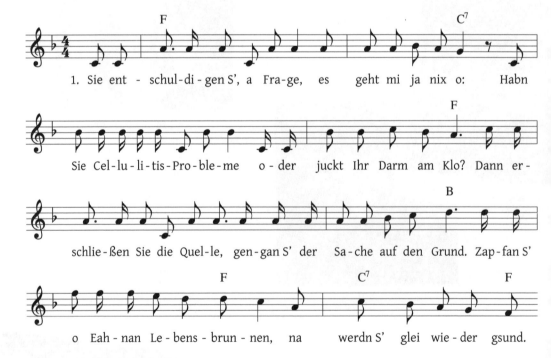

1. Sie ent - schul-di - gen S', a Fra-ge, es geht mi ja nix o: Habn

Sie Cel-lu - li - tis-Pro - ble-me o - der juckt Ihr Darm am Klo? Dann er -

schlie - ßen Sie die Quel-le, gen-gan S' der Sa-che auf den Grund. Zap-fan S'

o Eah - nan Le - bens - brun - nen, na werdn S' glei wie - der gsund.

A Glaserl Eigenurin gezapft vom Morgenstrahl, des Ganze körperwarm, dann hilft's auf jeden Fall. Fest eingerieben oder inhaliert und man sofort darauf die Heilung spürt. Fest eingerieben oder inhaliert und man sofort darauf die Heilung spürt.

1. Sie entschuldigen S', a Frage, es geht mi ja nix o:
   Habn Sie Cellulitis-Probleme oder juckt Ihr Darm am Klo?
   Dann erschließen Sie die Quelle, gengan S' der Sache auf den Grund.
   Zapfan S' o Eahnan Lebensbrunnen, na werdn S' glei wieder gsund.

   Sabrina Lichtlein kommt mit einem dampfenden, gläsernen Nachttopf dazu.

   A Glaserl Eigenurin gezapft vom Morgenstrahl,
   des Ganze körperwarm, dann hilfs auf jeden Fall.
   Fest eingerieben oder inhaliert
   und man sofort darauf die Heilung spürt.
   Fest eingerieben oder inhaliert
   und man sofort darauf die Heilung spürt.

Gezapft vom Morgenstrahl

2. Ein Mineral- und Vitaminstoß aus dem Schoß von Mutter Natur,
   mehrmals täglich angewendet erspart Krankenhaus, Doktor und Kur.
   Nie mehr einfach nur so bieseln ohne Sinn und Hintergrund,
   immer sammeln in am Glasl und dann gurgeln drin im Mund.

   A Glaserl Eigenurin gezapft vom Morgenstrahl,
   des Ganze körperwarm, dann hilfts auf jeden Fall.
   Schlucken und baden oder inhalieren
   und man sofort darauf tuat Heilung spürn.
   Schlucken und baden oder inhalieren
   und man sofort darauf tuat die Heilung spürn.

3. Gestalten Sie Ihre Gesundheit, urinieren Sie mit Erfolg,
   hoaßt die nächste Stufe der Gesundheitsreform, die folgt.
   Schluss aus mit Subventionen, selbst ist der Patient.
   Kostenlos ohne Gebühren entsteht das eigene Medikament.

   A Glaserl Eigenurin gezapft vom Morgenstrahl,
   des Ganze körperwarm, dann hilfts auf jeden Fall.
   Bei Ohrensausen frisch einmassiert
   und man sofort darauf die Heilung spürt.
   Bei Ohrensausen frisch einmasSiert
   und man sofort darauf die Heilung spürt.

   Und meine Damen und Herren, jetzt passen S' amal auf.
   Jetzt kommt noch a ganz a wichtiger Aspekt.

4. Auch psychisch geht's Eahna besser durch den Gruch von frischem Harn.
   Im Duftlamperl drin entzündet, macht er die Gedanken warm.
   Des bestätigt auch d' Frau Lichtlein vom Esoterikerinnenbund.
   Seit Sie's praktiziern tut, ist Sie geistig wieder gsund.

   Ja so a Schuss Urin, ob Sie's glauben oder nicht,
   hilft in der Schwangerschaft, bei Schweißfuß und bei Gicht.
   Sogar bei Schwindsucht und Haarausfall,
   der eigne Körpersaft hilft überall.
   Sogar bei Schwindsucht und Haarausfall,
   Eahna warmer Blasensaft hilft überall. Trink aus!

Anmerkung:
„A Glaserl Eigenurin" gehört mittlerweile zu den am meisten gesungenen Lieder der Couplet-AG. Anlass für diesen Text war die 1993 durch das Buch „Urin – ein ganz besonderer Saft" ausgelöste Hype um die Eigenurin-Therapie sowie unser (damaliger) Freund Franz A., der dieses Verfahren laut eigenen Angaben sehr erfolgreich praktizierte. Man konnte es förmlich riechen ...

Da müss' ma operiern

Dr. Bruckmeier mit seiner Gattin, beide Ärzte in der Rhönklinik

Er: Schatzi, wir müssen unsere Klinik neu optimieren und auch bereit sein von anderen Branchen zu lernen ...

Sie: Nenn mich in der Öffentlichkeit nicht immer Schatzi!

Er: Gut, Hasi!

Sie: *(genervt)* Ich überleg eh schon die ganze Zeit: Wie kann ich ohne Stress noch mehr Patienten in noch kürzerer Zeit durchschleusen?

Er: Wir werden unsere Abteilungen neu strukturieren: „Reparaturannahme", „Hauptkasse", „Ersatzteile" ... wie im Autohaus.

(beide zum Publikum)

Sie: Oh, wir haben uns noch gar nicht vorgestellt. Das ist Professor Dr. Bruckmeier von den Rhönkliniken, mein geschätzter Kollege und Gatte.
Wir wenden uns heute ganz bewusst an Sie. Denn auch Ihr Arzt möchte glücklich sein.

Er: Ja, genau! Und wir verwehren uns auch gegen Anschuldigungen, wir würden durch medizinische Überbehandlung und ein Ausreizen der Abrechnungssysteme das Gesundheitssystem an den Rand der Unfinanzierbarkeit führen! Das sind nicht wir! Das sind Sie: der Patient.

Sie: Wir kennen keine kapitalgesteuerte Gewinnmaximierung. Man muss doch der Wahrheit mal ganz offen ins Auge schauen. Sie denken jetzt vielleicht: Mir geht es ganz gut, ich bin gesund. Das ist falsch! Es gibt keine Gesunden, es gibt nur unzureichend Untersuchte.

müsst ihr o-pe-riern." Da müss' ma o-pe-riern! Und

wenn Sie nur an Schnup-fen habn, wir dür-fen nichts ris-kiern. Da

müss' ma o-pe-riern, ja, da müss' ma o-pe-riern, wir

müs-sen das Cha-let ab-zahln, drum dean sa se ned ziern.

1. Unsre Eltern habn stets gsagt: „Kinder, lernts was Gscheits,
   machts Chirurg und kaufts euch dann a Haus drübn in der Schweiz.
   Denn Kranke wird es immer gebn und sollt es mal nicht sein,
   dann schreibts einfach beim Stammpatient was Grausliges hinein.

   Denn, dann müsst ihr operiern." Da müss' ma operiern!
   Und wenn Sie nur an Schnupfen habn, wir dürfen nichts riskiern.
   Da müss' ma operiern, ja, da müss' ma operiern,
   wir müssen das Chalet abzahln, drum dean sa se ned ziern.

2. In jedem gsunden Menschen steckt was Krankes drin,
   man muss es halt nur finden, wir schneiden uns dorthin.
   Was, Sie sind privatversichert? Das ist grandios!
   Machen Sie sich nackig, wir legen sofort los.

   Da müss' ma operiern, da müss' operiern,
   die Fallpauschale stimmt perfekt, da hoaßt's koa Zeit verliern.
   Da müss' ma operiern, ja, da müss' ma operiern,
   sonst sterbens in der nächstn Stund, des müssen Sie doch spürn.

Nach den Nieren
kommt d'Leber dran

3. Und wenn wir mal nichts finden, dann ist das halb so schlimm.
   Wir kennen doch Ihr Innenlebn, wir warn ja schon mal drin.
   Tun Sie sich nicht echauffieren, die Kasse zahlt's doch eh.
   Und werden Sie zu teuer, geht Ihr Beitrag in die Höh'.

   Mia müssn operiern, wir müssn operiern
   und wenn Sie nicht parieren, dann verkauf ma Ihre Niern.
   Mia müssn operiern, ja, wir müssn operiern
   nach den Niern kommt dann die Leber dran, doch des werdns nimmer spürn.

4. Wir haben grad a Mail gekriegt und sind fassungslos.
   Die Kosten explodieren drüben in Davos.
   Die Fertigstellung des Chalets zieht sich noch Jahre hin,
   das Ganze wird noch teurer als der Flughafen Berlin.

Sie: Oh mei, oh mei, was mach ma denn da bloß?

Er: Kein Problem, ich hab die Lösung ...

(gesungen)
Mia dean jetzt transplantiern, mia dean jetzt transplantiern,
jeder hat was herzugebn, notfalls auch das Hirn.
Der Job muss sich rentiern, drum dean ma operiern,
dann schlicht ma alls in d' Kühlbox nei fürn Scheich zum Exportiern.

Er: Schatzi, ich muss ... die Kühlelemente! *(geht ab)*

Sie: *(winkt ihm nach, dann zum Publikum)* Was ich noch kurz erwähnen wollte, das braucht der Karl-Heinz auch gar nicht wissen. Ich hab mir ein ganz neues Geschäftsmodell erarbeitet. Ich biete ab sofort spontane ambulante Operationen an, bei Ihnen daheim im Wohnzimmer. Ja, das müssen Sie sich vorstellen wie früher mit den Hausierern ... der ist auch gekommen und hat gefragt „Fehlt was?". Und wenn bei Ihnen nichts fehlt, ich bin da flexibel. Ich schneid auch den Lumpi auf. Hauptsache die Fallpauschale stimmt! Wir sind darüber hinaus auch gerade in Verhandlungen mit einem sehr günstigen Reinigungsunternehmen. Das dürfte für Sie sehr interessant sein, überlegen Sie es sich. *(zu einem Zuschauer)* Ah, Herr Gruber! Kommen Sie bitte gleich mit. Ihre neue Niere ist gerade angekommen.

Anmerkung:
Die Zahlen für Operationen im Krankenhaus in Deutschland steigen von Jahr zur Jahr. Laut Statistischem Bundesamt erfolgte allein zwischen 2005 und 2011 ein Anstieg von knapp 12 Prozent. Durch die Einführung der sog. Fallpauschale im Jahr 2004 wurde die Verweildauer der Patienten im Krankenhaus reduziert, wodurch es für die Kliniken lukrativ wurde, möglichst viele Operationen durchzuführen. Mitarbeiter-Zielvereinbarungen über die Anzahl bestimmter Eingriffe verbunden mit Bonuszahlungen tun dazu ein Übriges.

Der Pflegedienst

Pflegedienstleitung mit Pflegerin Gabriele und der Pflegehilfskraft Boris

Leitung: *(mit gespielter Fürsorglichkeit zu einem älteren Paar im Publikum)*
Mei, jetzt seh ich's erst. Des is aber schön, dass Sie Ihr Problem, äh, ich mein Ihren
Pflegefall, gleich mitbracht haben.
Wenn er fei unbequem sitzt, wir hätten draußen *(deutet nach hinten)* an Spezialsitz. Mei
und wia dankbar, dass er schaut! Gfreit er sich recht, dass er heit mitderfa hat, ha?
Wie heißt er denn? Ach so, reden kann er ja noch selber. Aber man merkt schon, dass er
a fremde Hilfe braucht! Is er gewiss a rechte Belastung für Sie?
Sein Verhalten is scho recht unsicher. Schaun'S mit seiner Feinmotorik stimmt's a scho
nimmer. Aber zum Glück gibt's ja uns, den privaten Pflegedienst! Denn Sie wissen ja:

Wird's im Bet-te dir zu nass? Ruf Pfle-ge-dienst CRU-DE-LI - TAS!

1. Uns-re En-gel der Barm - her - zig-keit neh-men sich für

Sie gern Zeit. Mit Freu - de Krank-heit und Al - ter er - le - ben, Ge-

brech - lich - keit kann so viel ge - ben mit un - serm Satt - Sau - ber -

Tro-cken - Pro-gramm, das wir spe-ziell für Sie ent-wi-ckelt habn.

2. Grüß Gott, ich bin Pfle - ge - rin Ga - bri - e - le, die Toi - let - ten-stuhl-Ent -
lee - rungs - see - le. I gfrei mi nar - risch, wenn Sie mich bu - chen
und nicht Hil - fe bei Ver - wand-ten su - chen. Mei Pfleg' kost' meh-rer als Sie
den - ken, Sie brau - chan mir bloß Ihr Un - ter - schrift schen - ken.

3. Schaun S' der Herr Gla - ser aus Is - ma - ning, der ist mit uns ja
so - was von z'friedn. Seit er sich un-serm Bru - no an - ver - traut, sein Ka -
the - der wie - der wie neu aus-schaut. Denn der Bru - no hat frü - her beim
Ten - gel-mann putzt und die-sen Vor - teil jetzt Herr Gla - ser nutzt.

4. Frisch vom Schlacht-hof weg ver-pflicht', habn ma für Sie den Bo-ris ab-gricht' als Spe-zia-list für In-fu-sio-nen, die In-ves-ti-tion wird sich si-cher loh-nen. Duat 's Bluat beim Ste-cha no so sprit-zen, an Schlacht-hof-Bo-ris bringt des ned ins Schwit-zen.

5. Sie sehn, wir habn nur Fach-per-so-nal, denn Pfusch und Pro-fit ist nicht un-ser Fall. Und wenn Sie es be-zah-len kön-nen, wol-len wir Sie noch mehr ver-wöh-nen. Denn wir ver-län-gern gern Ihr Le-ben, wenn Sie sich in un-sre Hän-de ge-ben.

Wird's im Bette dir zu nass,
ruf Pflegedienst CRUDELITAS!

1. Unsre Engel der Barmherzigkeit
   nehmen sich für Sie gern Zeit.
   Mit Freude Krankheit und Alter erleben,
   Gebrechlichkeit kann so viel geben
   mit unserem Satt-Sauber-Trocken-Programm,
   das wir speziell für Sie entwickelt habn.

2. Grüß Gott, ich bin Pflegerin Gabriele,
   die Toilettenstuhl-Entleerungsseele.
   I gfrei mi narrisch, wenn Sie mich buchen
   und nicht Hilfe bei Verwandten suchen.
   Mei Pfleg' kost' mehrer als Sie denken,
   Sie brauchan mir bloß Ihr Unterschrift schenken.

Wird's im Bette dir zu nass ...

3. Schaun S' der Herr Glaser aus Ismaning,
   der ist mit uns ja sowas von z'friedn.
   Seit er sich unserm Bruno anvertraut,
   sein Katheder wieder wie neu ausschaut.
   Denn der Bruno hat früher beim Tengelmann putzt
   und diesen Vorteil jetzt Herr Glaser nutzt.

4. Frisch vom Schlachthof weg verpflicht',
   hamma für Sie den Boris abgricht'
   als Spezialist für Infusionen,
   die Investition wird sich sicher lohnen.
   Duat 's Bluat beim Stecha no so spritzen,
   an Schlachthof-Boris bringt des ned ins Schwitzen.

... ruf Pflegedienst CRUDELITAS!

5. Sie sehn, wir habn nur Fachpersonal,
   denn Pfusch und Profit ist nicht unser Fall.
   Und wenn Sie es bezahlen können,
   wollen wir Sie noch mehr verwöhnen.
   Denn wir verlängern gern Ihr Leben,
   wenn Sie sich in unsre Hände geben.

Anmerkung:
Dieses Lied entstand 1997 anlässlich des ersten Höhepunktes der Pflegeskandale in der Bundesrepublik. Es spiegelt die schwierige Personalsituation und die Mängel im Pflegebereich wieder. Crudelitas heißt übersetzt Grausamkeit.

Chakra

1. Mia de Röhr-moo-ser Hei-ler-kin-der, mia habn euch aus-er-korn, mit Au-ra euch zu seg-nen, da-mit ihr nicht ver-lorn. Von schlech-ten E-ner-gi-en und War-zen zu be-frein, ein Blick von uns, der glangt scho, und mia hörn al-le Drü-sen schrein. Zum Bei-spiel Ih-ren Ei-er-stock, wie der stim-mungs-mä-ßig blockt! Cha-kra! Cha-kra! Un-sre Strah-len dich um-hülln Cha-kra! Cha-kra! und dein Be-cken neu er-fülln. Hei-ße Wün-sche in dir wu-chern wie ein wil-der Knö-te-rich. Cha-kra! Cha-kra! Cha-kra! Dei-ne Drü-sen lie-ben dich.

Schluss

Cha-kra! Cha-kra! Cha-kra! *Unter 0190-233 233 sind Sie live dabei!* Ruf an.

1. Mia de Röhrmooser Heilerkinder, mia habn euch auserkorn,
   mit Aura euch zu segnen, damit ihr nicht verlorn.
   Von schlechten Energien und Warzen zu befrein,
   ein Blick von uns, der glangt scho, und mia hörn alle Drüsen schrein.
   Zum Beispiel Ihren Eierstock, wie der stimmungsmäßig blockt!

   Chakra! Chakra! Unsere Strahlen dich umhülln
   Chakra! Chakra! und dein Becken neu erfülln.
   Heiße Wünsche in dir wuchern wie ein wilder Knöterich.
   Chakra! Chakra! Chakra! Deine Drüsen lieben dich.

2. Mei Schwester hat seit der Geburt die heilende Hand.
   Als Stigma-Zenzl ist Sie aa in Fachkreisen bekannt.
   Wenns Kieselstoana duat berührn, werdn Sie zu Wundersteine.
   Zu bestellen auch im Internet und beim Versandhaus Heine.
   Mei, mei Wünschlruatn, de schlagt aus, da is a Wasserader herin im Haus!

   Chakra! Chakra! Wie es innerlich vibriert
   Chakra! Chakra! und wie sich's Steckerl rührt.
   Es is ned bloß a Ader – ja ja ja i spür's –
   Chakra! Chakra! Chakra! De Frau hat Wasser in de Füaß.

3. Uns zwoa werds jetzt ganz schwummrig, mia kriang a Vision.
   Da Ottfried Fischer, rosarot, erscheint am Himmel drobn.
   Die Berg fangen zum Schunkeln an und 's bayrische Kabinett
   mutiert zu Teletubbies – eklig, dick und fett.
   Und Sie fressen alles z'samm, was mia uns z'sammgspart habn!

   Chakra! Chakra! Und nur die werdn überleben,
   Chakra! Chakra! die uns ihre Rente geben.
   Jetzt verlassen uns die Bilder, doch bleibn Sie weiter dran.
   Chakra! Chakra! Chakra! – *Unter 0190-233 233 sind Sie live dabei.* – Ruf an!

Anmerkung:
Der Begriff Chakra bezeichnet ein Energiezentrum zwischen dem materiellen Körper und dem Astralleib des Menschen. Nach der sog. Chakrenlehre gibt es sieben Chakren als Haupt-energiekanäle entlang der Wirbelsäule – zumindest bei allen, die daran glauben. Teletubbies sind vier rundliche, lebensgroße Puppen aus einer bekannten Kleinkinder-TV-Serie (1999–2001), die sich in ihrer bonbonfarbenen Welt mittels Babylauten verständigen.

Rente und mehr

Dann gibt's nur noch eins:

Extrem-Seniorenreisen!

Haben Sie meine Rente gesehen?

Nehman S' an Alten

Sprecher: *(in freundlich-anbiederndem Tonfall)* Werbung! Gehören auch Sie zur Randgruppe der Senioren? Fühlen Sie sich einsam, allein? Das ist jetzt vorbei: Single-Sein, muss nicht sein! Dafür gibt es ja die „Elvira Kuppel GmbH", Münchens große Seniorenpartnervermittlung in Ihrer Nähe. Kommen auch Sie zu „Elvira Kuppel", München, Sonnenstraße 7 und Ihre Rente bekommt wieder Sinn!

Gabi von der Seniorenpartnervermittlung „Elvira Kuppel GmbH" kommt beschwingt mit einer großen Mappe unter dem Arm auf die Bühne.

Gabi: Ich bin's wieder, Eure Gabi von der Elvira Kuppel GmbH. Hallo, meine lieben Problemfälle! Sind Sie einsam? Verlassen? Schwer vermittelbar? Oder wollen Sie auch nur Ihren Altenheimplatz mit einem lieben Menschen teilen? Meine Damen, ich hab hier ein paar interessante Vorschläge für Sie! Bei uns gilt die Devise: „Sie kommen allein und sterben zu zweit!"

1. Die Sta - ti - stik sagt dem Ken - ner, 's gibt mehr Frau - en als wie

Män - ner, da - rum rat ich al - len Fraun, sich bei Zei - ten um - zu - schaun.

A - ber bit - te sich be - gnü - gen, 's kann nicht je - de den Schön - sten

krie - gen, drum san S' nicht so wäh - le - risch, ist auch der

Mann nicht mehr ganz frisch. Neh - man S' an Al - tn, neh - man S' an

1. Die Statistik sagt dem Kenner,
    's gibt mehr Frauen als wie Männer.
    Darum rat ich allen Fraun,
    sich bei Zeiten umzuschaun.
    Aber bitte sich begnügen,
    's kann nicht jede den Schönsten kriegen.
    Drum san S' nicht so wählerisch,
    ist auch der Mann nicht mehr ganz frisch.

    Nehman S' an Alten,
    nehman S' an Alten,
    da gibt's noch gut erhaltne Gstalten,
    an Beamten mit Pension,
    sehr begehrt ist die Person.
    Nehman S' an Alten,
    nehman S' an Alten,
    ham S' ihn erst mal aufgefrischt,
    ist er besser oft wie a Junger
    und stets besser als wie nichts.

2. Ist zudem er kein Adonis,
    Hauptsach, dass er a Mannsperson is.
    Ist sei Schönheit längst dahi,
    umso mehr schaut man auf Sie.
    Hat er aa a Riesenglatze,
    einer kriegt sie, einer hat sie,
    hat er aa a Doppelkinn,
    guat, dann langen S' doppelt hin.

    Nehman S' an Alten,
    nehman S' an Alten,
    hat er aa scho rechte Faltn,
    die sind nur am Kopf zu sehn.
    Das andre is vielleicht noch schön.
    Nehman S' an Alten,
    nehman S' an Alten,
    is er aa recht dick und breit,
    an Jungen müaßn S' erst no fuattern
    und den ham S' dann schon so weit.

3. Wenn auch Sie die Peitsche schwingen,
    a Junger lasst sich schwer bezwingen.
    A Alter gibt Eahna's Portmonee,
    macht das Bett und kocht an Tee.
    A Junger is zwar hoaß und mächtig,
    aber a Alter macht's bedächtig.
    Was ihm fehlt an Temperament,
    das ersetzt er durch Talent.

    Nehman S' an Alten,
    nehman S' an Alten,
    der is immer guat zum Halten,
    a Junger is zu ungestüm,
    macht Eahna leicht den Body hin.
    Nehman S' an Alten,
    nehman S' an Alten,
    der geht weniger aus sich raus,
    kann nicht so oft, doch dauert's länger
    und dann gleicht sich's wieder aus.

4. Drum, können Sie kein Jungen haben,
   nehman S' halt an alten Knaben.
   Jeder Mann ein echter Traum,
   unverbindlich anzuschaun.
   Und zum Schluss jetzt noch das Beste:
   Wir habn noch gut erhaltne Reste,
   pflegeleicht, doch nicht ganz neu,
   bei Frauen ab und zu noch scheu.

   Nehman S' an Alten,
   nehman S' an Alten,
   der is froh, wenns eahm behalten,
   der bleibt treu in Ewigkeit,
   wird immer treuer mit der Zeit.
   Nehman S' an Alten,
   nehman S' an Alten,
   der liebt voller Liebesqual,
   denn ein jedes Mal da denkt er,
   vielleicht ist's das letzte Mal.

Nehman S' an Alten!

Anmerkung:
Gabi zieht während des Liedvortrags aus ihrer Mappe bei jedem Refrain ein DIN-A3-Foto eines Herrn aus dem öffentlichen Leben und präsentiert es dem Publikum. Bisher waren u. a. dabei: Gerhard Schröder, Rudolf Moshammer, Joschka Fischer, Edmund Stoiber, Christian Ude, Horst Seehofer, Franz Beckenbauer, Johannes Paul II.
Sehr beliebt bei Geburtstagsfeiern ist ein Foto des jeweiligen Jubilars („Was ihm fehlt an Temperament, das ersetzt er durch Talent.").
Dieses Lied ist mittlerweile sehr weit verbreitet. Der Originaltext stammt von Otto Reutter, die Melodie wurde 1994 neu geschaffen.

Wir wolln keine Riester-Rente

Dr. Kudernak im gestreiften Bademantel mit Aktentasche hetzt wie gewohnt über die Bühne.

Kudernak: Sie hallo, bsst, bsst ! Hallo Sie! Haben Sie meine Rente gesehn?!
Bsst, bsst, ich such meine Rente! Haben Sie irgendwo meine Rente gsehn?
Schaun S' amal bitte nach, vielleicht sitzen Sie ja drauf?! Sie hallo, haben Sie meine
Rente ... Schreiben Sie's auf, schreiben Sie's mit, sonst vergessen Sie's ja wieder!
Sie hallo, bsst , bsst! Ich hab eine ganz dringende Nachricht für Sie. Ja, schreiben Sie's
auf, schreiben Sie's mit.
Sie müssen gleich den Papst und die Bergwacht anrufen, ich sag's jetzt nur Ihnen! Es
is nämlich ganz geheim! Die Frau Merkel ist eine verwunschene Schlingpflanze aus
Griechenland. Ja, die schaut nur von außen wie eine Kanzlerin aus. Innerlich ist sie eine
umetikettierte Wucherung! Ja, schreiben Sie's auf, schreiben Sie's mit, sonst vergessen
Sie's ja wieder!
Der Dr. Kudernak weiß des. Ja, ich weiß des! Die wuchert jetzt ganz Deutschland zu.
Drum find ich auch meine Rente nicht mehr. Ja, schreiben Sie's halt auf, schreiben Sie's
mit.
Und wenn Sie meine Rente sehn, bitte nicht der Frau Merkel geben. Schreiben Sie's auf,
schreiben Sie's mit, nicht der Frau Merkel geben.

Die Musik setzt ein, Dr. Kudernak wirft seine Aktentasche weg und fängt an ungelenk zu tanzen.

1. Wir warn stets ge-nüg-sam, wähl-ten brav die C - S - U, Ur-laub
nur in Bi-bi-o-ne und Bad Birn-bach ab und zu.
Spar-sam le-ben, Steu-ern zahln hieß es für uns Tag und Nacht, für die
Ren-te war's zu we-nig, die hat der Staat längst durch-ge-bracht. Wir wolln

kei - ne Ries - ter - ren - te, wir wolln Ries - ters Ren - te habn, da -

mit wir dann im Al - ter die Pfle - ge kön - nen zahln.

1. Wir warn stets genügsam,
   wählten brav die CSU,
   Urlaub nur in Bibione
   und Bad Birnbach ab und zu.
   Sparsam leben, Steuern zahln
   hieß es für uns Tag und Nacht,
   für die Rente war's zu wenig,
   die hat der Staat längst durchgebracht.

   Wir wolln keine Riester-Rente,
   wir wolln Riesters Rente habn,
   damit wir dann im Alter
   die Pflege können zahln.

2. Weil sich Rentner so vermehren,
   habns den Spritpreis jetzt erhöht
   für die Endlösung am Land drauß',
   die Idee ist gar nicht blöd.
   Autofahrn zum Doktor,
   purer Luxus, nicht mehr drin
   und so schwindet ganz natürlich
   das Rentnervolk dahin.

   Wir wolln keine Riester-Rente,
   wir wolln Riesters Rente habn,
   damit wir dann im Alter
   die Windeln können zahln.

3. Rentner hört ihr die Signale,
   alle Zeichen stehn auf Sturm!
   Auf zum Kampf, ihr Senioren,
   nieder mit dem Riesterwurm!
   Und dann schnappen wir den Ude,
   der's noch immer nicht kapiert,
   dass man hier bei uns in Deutschland
   ab sechzig Rentner wird.

   Wir wolln keine Riester-Rente,
   wir wolln Riesters Rente habn,
   damit wir dann am Ende
   den Grabstein können zahln.

3. Wir wolln keine Riester-Rente,
   wir wolln Riesters Rente habn,
   damit wir dann am Ende
   den Grabstein können zahln.

   Wir wolln keine Riester-Rente,
   wir wolln Riesters Rente habn,
   damit wir dann am Ende
   den Grabstein können zahln.

Anmerkung:

Die sog. Riester-Rente wurde 2002 in Deutschland eingeführt und ist eine privat finanzierte Rente mit staatlichen Zulagen. Mit ihr soll eine Versorgungslücke bei der gesetzlichen Altersvorsorge geschlossen werden, die durch ein allgemeines Absenken des Rentenniveaus infolge der Reform der gesetzlichen Rentenversicherung 2000/2001 entstand. Namensgeber ist der damalige Bundesarbeitsmininister Walter Riester, der die Einführung dieser staatlich geförderten privaten Altersvorsorge vorschlug.

Es lebe der Seniorenpark

1. Um Punkt fün- fe in der Früah hört ma schlagn die Klein-bus-tür bei uns im Se - nio-ren - park: Sie-ben Stun-den oh-ne Pau-se, kei-ne Zeit für Rent-ner-brau-se, denn heut geht's auf gro - ße Fahrt. Weil drübn in der Tsche - chei schürns im Kre-ma-to - r - ium scho ei. Es le-be der Se - nio-ren-park, und san die Stra-pa-zen auch noch so arg, in un-serm schöns-ten Sonn-tags-gwand, den Ro-sen-kranz fest in der Hand.

2. Wäh-rend wir im Stau ver-wei-len, sie Bro - schü-ren dann ver-tei-len:

„Kos-ten-güns-tig Ster-ben". In der schö-nen Tsche-chei kauft ma d'Grab-stell bil-lig ei, es freu-en sich die Er-ben. Ent - schei-den Sie sich jetzt, be-vor Ihr Platz ist schon be - setzt. Es le - be der Se-nio-ren-park, die küm-mern sich schon jetzt um mei-nen Sarg, da-zu gibt's Ster - be - bui - dl - mus-ter, da - mit wir kriagn an Glus-ter.

3. Als der Bus sein Ziel er-reicht, werdn ma in a Hal-le gscheucht, uns die Aus-wahl ü - ber - mannt. So preis-wert und so schee, da kann

koa-ner wi-der-steh, was de alls an Ur-nen hamd. Ist mein

Grab auch noch so klein, so bil-lig sterb ich nie da-heim. Es

le-be der Se-nio-ren-park, da kriagst no was für dei-ne Mark. Die hel-fen

dir das En-de pla-nen und Ur-nen-schnäpp-chen ab-zu-sah-nen.

4. Auf der Heim-fahrt gut ge-launt werdn die Gar-ten-zwerg bes-taunt, vom Viet-na-

me-sen auf-ge-drängt, und die Herrn der Rent-ner-grup-pen sich ver-

gnügn mit Tsche-chen-pup-pen, e-ben-falls fast gschenkt. Weil der Sen-sen-

mann uns schon mor-gen ho-len kann. Es le-be der Se-

nio-ren-park   und wie der Heim-lei-ter grad ver - ra-ten hat,   spuins as Grab-lied

kos-ten-los,   da waarst bei   uns scho wie - da   hun-dert Eu - ro los.

A so a Leich in der Tsche - chei, die ist   doch fam-os. Ja - wohl.

1. Um Punkt Fünfe in der Früah
   hört ma schlagn die Kleinbustür
   bei uns im Seniorenpark:
   Sieben Stunden ohne Pause,
   keine Zeit für Rentnerbrause,
   denn heut geht's auf große Fahrt.
   Weil drübn in der Tschechei
   schürns im Krematorium scho ei.

   Es lebe der Seniorenpark,
   und san die Strapazen auch noch so arg,
   in unserm schönsten Sonntagsgwand,
   den Rosenkranz fest in der Hand.

2. Während wir im Stau verweilen,
   sie Broschüren dann verteilen:
   „Kostengünstig Sterben".
   In der schönen Tschechei
   kauft ma d'Grabstell billig ei,
   es freuen sich die Erben.
   Entscheiden Sie sich jetzt,
   bevor Ihr Platz ist schon besetzt.

Es lebe der Seniorenpark,
die kümmern sich schon jetzt um meinen Sarg,
dazu gibt's Sterbebuidlmuster,
damit wir kriagn an Gluster

3. Als der Bus sein Ziel erreicht,
werdn ma in a Halle gscheucht,
uns die Auswahl übermannt.
So preiswert und so schee,
da kann koaner widersteh,
was de alles an Urnen hamd.
Ist mein Grab auch noch so klein,
so billig sterb ich nie daheim.

Es lebe der Seniorenpark,
da kriagst no was für deine Mark.
Die helfen dir das Ende planen
und Urnenschnäppchen abzusahnen.

4. Auf der Heimfahrt gut gelaunt
werdn die Gartenzwerg bestaunt,
vom Vietnamesen aufgedrängt,
und die Herrn der Rentnergruppen
sich vergnügen mit Tschechenpuppen,
ebenfalls fast gschenkt.
Weil der Sensenmann
uns schon morgen holen kann.

Es lebe der Seniorenpark
und wie der Heimleiter grad verraten hat,
spuins as Grablied kostenlos,
da waarst bei uns scho wieda hundert Euro los.
A so a Leich in der Tschechei,
die ist doch famos. Jawohl.

Anmerkung:
Immer mehr Discountbestatter drängen auf den deutschen Bestattungsmarkt mit
Beerdigungen zu Dumping-Preisen: schnell, anonym und ohne viel Trauer. In tschechischen
Krematorien ist z. B. eine Einäscherung bereits für 100 Euro zu haben – inklusive Kaffee
und Kuchen für die wartenden Hinterbliebenen.

Extrem-Seniorenreisen

Frau Meier führt ihren fast blinden Gatten Josef über die Bühne und setzt ihn in den Fünfer-Looping.

Meier: *(Josef hustet)* Josef, hast wieder heimlich so a trockne Brezn gessn und hast dich recht stickt! Des is ganz schlecht für dei Asthma. Trink dei Schleimsuppn, dann passiert so was net! Gleich samma beim Karussell. *(Frau Meier stellt einen feuchten Fleck auf der Hose ihres Gatten fest)* Hamma wieder in d'Hosn bieslt. Des macht nix – des trocknet da Fahrtwind. Schau, jetzt samma da beim Karussell! *(setzt ihn in den Wagen)* Ich heb dir des Bein noch rein. Ja schön sitzn bleiben, gleich geht's los!
(zu sich selbst) Nix wia Gfrett hast mit de alten Männer …

Frau Butz, ihre Bekannte mit fränkischem Zungenschlag, kommt dazu.

Meier: *(freudig)* Frau Butz!

Butz: Grüß Sie Gott, Frau Meier.

Meier: Haben wir uns scho lang nimmer gsehgn.

Butz: Da habn S' Recht.

Meier: Sehn S' ihn? *(deutet auf ihren Gatten)*

Butz: Mei schaun S' wie er drinna sitzt. Ich glaub sogar, der freut sich noch! Grad hat er noch den Mund bewegt. Kriegt er überhaupt noch was mit?

Meier: Normal nimmer. Ich hab mia gleich gedacht, dass ein Besuch auf'm Vergnügungspark die richtige Lösung für ihn ist.

Butz: Des wär für meinen Helfried auch des Beste gwesn.

Meier: Ja, man glaubt gar nicht was Männer für Ärger machen können. Die wollen einfach ums Verreckn ned ableben.

Butz: Für das Geld, was mir der Helfried tagtäglich auf der Intensivstation kost, hätt ich ihn schon zehnmal beerdign lassen können. Aber des tun mir die Ärzte mit Fleiß, die wissen ganz genau, dass ich längst mit ihm abgeschlossn hab.

Meier: Früher hat wenigstens die Kasse den Porsche vom Chefarzt finanziert, aber heutzutage zahlt des alles der kleine Mann! Da muss man sich schon was einfallen lassn, Frau Butz!

Butz: Ich hab jetzt so an jungen Assistenzarzt 10% von seinem Sterbegeld angeboten – die verdienen doch so wenig. Der hat gsagt, wenn er wieder Nachtdienst hat, schaut er, ob er was mit der Herz-Lungenmaschin' arrangieren kann. Aber der will fifty-fifty habn für einmal Knöpfle abschalten und wegschauen dabei, des is doch allerhand!

Meier: Ach Frau Butz, des is doch scho vui z'spät! Wissen Sie des gar ned! Der Schröder hat doch schon damals zu seiner Regierungszeit das Sterbegeld gstrichen!

Butz: Nein, des is ja …

Meier: Ich sag's Ihnen: Selbst wenn dein Mann drin liegt im Sarg aus Eiche, ruiniert er Dich noch als Leiche.

Beide werden durch den Start des Fünfer-Loopings in ihrem Gespräch unterbrochen und stehen freudig erregt von ihren Plätzen auf.

Butz: Aber schaun S', jetzt geht's los! *(beide setzen sich wieder)*

Beide: Uunnd rummmms! *(ahmen die Fahrt mit Kopfbewegungen nach, indem sie beide ihre Köpfe synchron kreisen lassen)*

Meier: Auf die Idee mit der Fahrt fürn Josef im Fünfer-Looping hätt ich schon eher kommen sollen!

Beide: Uuund rummmms! *(Kopfkreisen)*

Butz: Schaun S', ich glaub der rührt sich schon gar nimmer.

Beide: Uuuund rummmms! *(Kopfkreisen)*

Butz: Sagn S' amal, die Fahrt dauert aber heut bsonders lang!

Meier: Ja, *(lacht dabei wissend)* ich kenn den Looping Besitzer persönlich.

Beide: Uuuund rummmms! *(Kopfkreisen)*

Butz: Wie viel zahlt jetzt eigentlich die Hamburg-Mannheimer bei so einem Tod?

Meier: Die volle Summe. Des hab ich alles schon vorher geklärt.

Beide: Uuuund rummmms! *(Kopfkreisen)*

Butz: Jetzt fährt er schon zum sechsten Mal! Ohne Unterbrechung!

Meier: Der fahrt solang, bis es für immer ist.
(flüstert) Schließlich wartet schon wieder jemand auf mich.

Butz: *(mit gespieltem Entsetzen)* Was?!?

Meier: Der Abgeordnete Wagner aus Wurmannsquick.

Butz: Der is doch frisch gschiedn und schwerst leberkrank …

Meier: Ja eben. Ich bin sein letzter Hafen. Nächste Woch hol ich ihn mit a Flaschen Jägermeister von der Entziehungskur ab und dann wird gheirat! Bei einem gewählten Volksvertreter gilt der Wegfall des Sterbegelds nicht, da stehn mir als Hinterbliebene 10.300 € Beisetzungskostenbeihilfe zu. Optimal wär ja, wenn er mir noch ein halbes Jahr durchhalten würde, dann bekäm ich die volle Pension. Aber des glaub i ned, des war ja jetzt scho sei viertes Leberkoma!

Butz: *(entdeckt ein Notarztfahrzeug)* Schaun S', da kommt schon der Notarzt gfahrn.

Meier: Uih, jetzt muass ich schnell nüber zum Identifizieren, sonst dauert's wieder so lang, bis i mei Geld kriag!

Butz: Was machen S', wenn er des gesamte Programm wider Erwarten überlebt hat?

Meier: Sie gfalln ma! Wenn der neun Runden im Fünfer-Looping überlebt, dann gibt's nur noch eins: Extrem-Seniorenreisen!

1. Hal-lo, Ser-vus ihr Se - nio-ren, wir sind
Eu - er Rei-se - team. Mia werdn jetzt a bis-serl Spaß habn, stellts die
Geh-hil-fen schön hin. Denn Eu-re Er-ben ha-ben für euch sehr viel bezahlt, des-halb bring ma euch glei nauf in den schö-nen Ber-ges-
wald. Und dann dean ma Ri-ver - Raf-ten in der wil-den Pöl-lach-
klamm, wo ma grad erst ge-stern den Herrn Horn ver-lo-ren
habn. Wenn Sie sei-nem Bei-spiel fol-gen, ma-chen wir Sie auf-merk-
sam, dass ein sol-cher Ex-klu - siv-tod nur geg'n Auf-preis ist zum Habn.

2. Hän-de hoch, wer hier zur Spon-sor-grup-pe „Schäu-ble" al-les ghört, denn was Ih-nen wi-der - fährt, das ist wirk-lich un-er - hört. Un-ter Schirm-herr-schaft des Herrn Mi-nis-ters in die Fel-sen - wand, oh-ne Si-che-rung am Ab-grund a-ber im-mer nur am Rand. Doch des is ja grad des Schö-ne, den-ken S' bloß a-mal da-ran, was Sie im frei-en Fall für a Spit - zen-aus-sicht habn. Ih-ren Ruck-sack las-sen S' bitt-schön al-le drin im Bus für d'Fa-mi-li-e zu-hau-se als Be - weis und letz-ten Gruß. Für d'Fa-mi-li-e zu-hau-se als Be - weis und letz-ten Gruß.

3. Uns - re Ex - trem - Se - nio - ren - rei - sen san jeds - mal a Rie - sen -

hetz und weil die - se so er - folg - reich, wer - den sie dem - nächst Ge -

setz. Des - halb habn mia un - ser An - ge - bot noch brei - ter kon - zi -

piert: Bun - gee - jum - ping, Gleit- und Fall - schirm oh - ne Rück - kehr - ga - ran -

tiert! Sehr be - liebt ist auch die Fahrt mit dem Floß am Forg - gen -

see im Ok - to - ber drunt am Kraft - werk, wenn die Schleu - se duat auf -

geh. Hey, is des dann ein Ge - krei - sche mit - ten - drin im stei - len

Nass und Sie tun da - bei was Gu - tes und ent - las - ten d'Ren - ten -

kass. Und wir tun da - bei was Gu - tes und ent - las - ten d'Ren - ten - kass.

1. Hallo, Servus ihr Senioren, wir sind euer Reiseteam.
   Mia werdn jetzt a bisserl Spaß habn, stellts die Gehhilfen schön hin.
   Denn eure Erben haben für euch sehr viel bezahlt,
   deshalb bring ma euch glei nauf in den schönen Bergeswald.

   Und dann dean ma River-Raften in der wilden Pöllachklamm,
   wo ma grad erst gestern den Herrn Horn verloren habn.
   Wenn Sie seinem Beispiel folgen, machen wir Sie aufmerksam,
   dass ein solcher Exklusiv-Tod nur gegen Aufpreis ist zum habn.

2. Hände hoch, wer hier zur Sponsorgruppe „Schäuble" alles ghört,
   denn was Ihnen widerfährt, das ist wirklich unerhört.
   Unter Schirmherrschaft des Herrn Ministers in die Felsenwand,
   ohne Sicherung am Abgrund aber immer nur am Rand.

   Doch des is ja grad des Schöne, denken S' bloß amal daran,
   was Sie im freien Fall für a Spitzenaussicht habn.
   Ihren Rucksack lassn S' bittschön alle drin im Bus
   für d'Familie zuhause als Beweis und letzten Gruß.
   Für d'Familie zuhause als Beweis und letzten Gruß.

3. Unsre Extrem-Seniorenreisen san jedsmal a Riesenhetz
   und weil diese so erfolgreich, werden sie demnächst Gesetz.
   Deshalb habn mia unser Angebot noch breiter konzipiert:
   Bungeejumping, Gleit- und Fallschirm ohne Rückkehr – garantiert!

   Sehr beliebt ist auch die Fahrt mit dem Floß am Forggensee
   im Oktober drunt am Kraftwerk, wenn die Schleuse duat aufgeh.
   Hey, is des dann ein Gekreische mittendrin im steilen Nass
   und Sie tun dabei was Gutes und entlasten d'Rentenkass.
   Und wir tun dabei was Gutes und entlasten d'Rentenkass.

Anmerkung:
– Wolfgang Schäuble: deutscher Finanzminister
– Gerhard Schröder: deutscher Bundeskanzler
– Forggensee: größter Stausee im Allgäu, wird im Oktober abgelassen

Pharma Nova

Ein Herr und eine Dame kommen als Pharma Nova-Vertreter in berufstypischer, eleganter Kleidung. Die Dame hat zwei überdimensionierte (Papp-)Pillenrollen unter dem Arm, die sie als Percussion-Instrumente zur Liedbegleitung nutzt.

Sie: Haben Sie Geld zu verschenken?

Er: Haben Sie keine Sauna, weil der pflegebedürftige Opa den Keller in Beschlag genommen hat?

Sie: Wollen Sie erben?

Er: Wir machen den Weg frei!

Sie: Für alle, die rechnen müssen!

Er: Millionen warten schon darauf!

Sie: Ab sofort und nur für kurze Zeit!

Er: Unsere große Mitmachaktion!

1. Habn Sie grad an Ta-schen-rech-ner, tip-pen Sie mal mit! Ihr O-pa
ko-stet ein Ver-mö-gen, ist er mo-men-tan auch fit.
Ren-ten-kür-zung, Pfle-ge-ko-sten und das Al-ters-heim, anstatt von ihm zu er-ben, zahln Sie kräf-tig ein. Doch Ach-tung lie-be

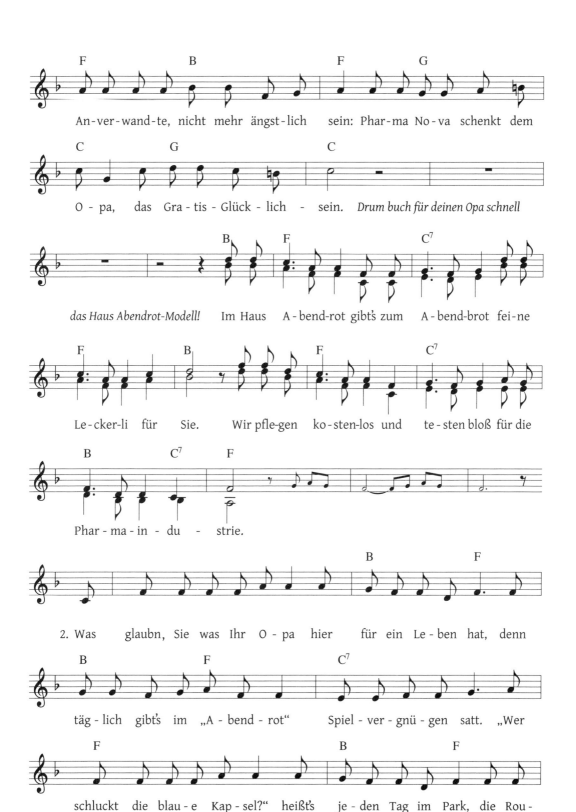

An-ver-wand-te, nicht mehr ängst-lich   sein: Phar-ma No-va schenkt dem

O - pa,   das Gra-tis-Glück-lich   -   sein.   *Drum buch für deinen Opa schnell*

das Haus Abendrot-Modell!   Im Haus   A-bend-rot gibt's zum   A-bend-brot fei-ne

Le-cker-li für   Sie.   Wir pfle-gen ko-sten-los und   te-sten bloß für die

Phar-ma-in-du-   strie.

2. Was   glaubn, Sie was Ihr O-pa hier   für ein Le-ben hat, denn

täg-lich gibt's im „A-bend-rot"   Spiel-ver-gnü-gen satt.   „Wer

schluckt die blau-e Kap-sel?" heißt's   je-den Tag im Park, die Rou-

lette-Se-nio-ren-gau-di mit Gra-tis-Ei-chen-sarg.

Haus Abendrot mit Sonnenstern empfiehlt auch der Herr Schäuble gern! Im Haus

A-bend-rot wird das A-bend-brot tä-glich frisch für Sie ser-

viert und sollt' es ei-ner mal nicht ü-ber-lebn, wird es

nicht mehr pro-du-ziert. *Darauf unser Ehrenwort! Höchstens noch für Afrika.*

3. Weil wir Se-nio-ren lie-ben, drum schät-zen wir sie sehr. Wa-

rum das Zeug den Vie-cherln gebn, Ihr O-pa braucht's viel mehr. Kei-ne

Maus wird mehr ge-füt-tert mit Ta-blet-ten fett und rund, weil das

ab so-fort jetzt nur noch den Se - nioren zu Gu-te kommt.

Pharma Nova mit dem Herz hat Mittelchen für jeden Schmerz. Im Haus

A-bend-rot gibt's zum A-bend-brot fei-ne Le-cker-li für Sie. Wir pfle-gen

ko-sten-los und te-sten bloß für die Phar-ma-in-du - strie. Die

Ren - te bleibt dann ganz für Sie und auch das Pfle - ge - geld. Er -

fül - len Sie sich Ih - ren Traum: Ei - ne Rei - se um die Welt!

Jedem Opa, den Sie geben, schenken wir ein neues Leben!

1. Habn Sie grad an Taschenrechner, tippen Sie mal mit!
   Ihr Opa kostet ein Vermögen, ist er momentan auch fit.
   Rentenkürzung, Pflegekosten und das Altersheim,
   anstatt von ihm zu erben, zahln Sie kräftig ein.

   Doch Achtung, liebe Anverwandte, nicht mehr ängstlich sein:
   Pharma Nova schenkt dem Opa das Gratis-Glücklichsein.

   Drum buch für deinen Opa schnell
   das Haus-Abendrot-Modell!

   Im Haus Abendrot
   gibt's zum Abendbrot
   feine Leckerli für Sie.
   Wir pflegen kostenlos
   und testen bloß
   für die Pharmaindustrie.

2. Was glaubn Sie, was Ihr Opa hier für ein Leben hat,
   denn täglich gibt's im „Abendrot" Spielvergnügen satt.
   „Wer schluckt die blaue Kapsel?" heißt's jeden Tag im Park,
   die Roulette-Seniorengaudi mit Gratis-Eichensarg.

   Haus Abendrot mit Sonnenstern
   empfiehlt auch der Herr Schäuble gern!

   Im Haus Abendrot
   wird das Abendbrot
   täglich frisch für Sie serviert
   und sollt' es einer
   mal nicht überlebn,
   wird es nicht mehr produziert.

   Darauf unser Ehrenwort!
   Höchstens noch für Afrika.

3. Weil wir Senioren lieben, drum schätzen wir sie sehr.
   Warum das Zeug den Viecherln gebn, Ihr Opa braucht's viel mehr.
   Keine Maus wird mehr gefüttert mit Tabletten fett und rund,
   weil das ab sofort jetzt nur noch den Senioren zu Gute kommt.

   Pharma Nova mit dem Herz
   hat Mittelchen für jeden Schmerz!

Im Haus Abendrot
gibt's zum Abendbrot
feine Leckerli für Sie.
Wir pflegen kostenlos
und testen bloß
für die Pharmaindustrie.

Die Rente bleibt dann ganz für Sie
und auch das Pflegegeld.
Erfüllen Sie sich Ihren Traum:
Eine Reise um die Welt!

Jedem Opa, den Sie geben,
schenken wir ein neues Leben!

Anmerkung:
Westliche Pharmakonzerne haben in mehr als 50 DDR-Kliniken über 600 Medikamenten-
studien in Auftrag gegeben. Insgesamt dienten nach SPIEGEL-Informationen bis zum
Mauerfall über 50.000 Menschen als Testpatienten etwa für Chemotherapeutika und Herz-
medikamente – oft ohne es zu wissen. Vor allem Senioren wurden dabei als Versuchs-
kaninchen missbraucht.

Leit gibt's,
des glaubt ma ned

Aber die Frau vom GPS hat gesagt ...

Mutzi und Butzi

Und in der Gruabn,
da bin i dahoam

Ich wär so gern mal ohne Hirn

Ich wär so gern mal oh-ne Hirn, des würd ich ja auch gar nicht spürn. Ich wär so ger-ne ein-mal dumm wie Ste-fan Mross und Hei-di Klum. Ich wär so ger-ne ein I-diot, mein Le-ben wär dann voll im Lot. Gott hät-te mir das Hirn er-spart und ich hieß Ma-ri-o Barth. Und wir wä-ren dumm ge-nug, dumm ge-nug für die-ses Land. Dumm ge-nug und gei-stig frei und bei der F-D-P da-bei. Denn dumm zu sein be-darf es we-nig und wer dumm ist,

schön, mal dumm zu sein, die Sor-gen wär-en dann ganz klein. Denn

Dumm-heit, ja die merkt man nicht, selbst wenn Frau Mer-kel zu mir

spricht. Wenn mein I - Q so nied-rig wär, dann wär das

Le - ben halb so schwer. Und wir wä - ren dumm ge - nug,

dumm ge - nug für die-ses Land, dumm ge - nug und hirn-ver-

brannt und Auf-sichts - rat der Lan-des - bank. Denn dumm zu

sein, be-darf es we - nig, und wer dumm ist, der ist Kö - nig.

1. Ich wär so gern mal ohne Hirn,
   das würd ich ja auch gar nicht spürn.
   Ich wär so gerne einmal dumm
   wie Stefan Mross und Heidi Klum.
   Ich wär so gerne ein Idiot,
   mein Leben wär dann voll im Lot.
   Gott hätte mir das Hirn erspart
   und ich hieß Mario Barth.

Und wir wären dumm genug,
dumm genug für dieses Land.
Dumm genug und geistig frei
und bei der FDP dabei.
Denn dumm zu sein, bedarf es wenig
und wer dumm ist, der ist König

2. Ich wär so gerne einfach blöd,
fänd alles „supi" und nichts öd.
Mich würde gar nix mehr geniern,
denn ich hätt ja dann kein Hirn.
Ich würde geistig nichts verspürn
und ließ mich wie das Volk verführn,
würd nicht verstehn, was hier passiert
und wer da über wen regiert.

Und wir wären dumm genug,
dumm genug für dieses Land.
Dumm genug und geistig lahm
wie der Vorstand von der Bahn.
Denn dumm zu sein, bedarf es wenig
und wer dumm ist, der ist König

3. Es wär so schön, mal dumm zu sein,
die Sorgen wären dann ganz klein.
Denn Dummheit, ja die merkt man nicht,
selbst wenn Frau Merkel zu mir spricht.
Wenn mein IQ so niedrig wär,
dann wär das Leben halb so schwer.

Und wir wären dumm genug,
dumm genug für dieses Land.
Dumm genug und hirnverbrannt
und Aufsichtsrat der Landesbank
Denn dumm zu sein bedarf es wenig
und wer dumm ist, der ist König.

Ich wär so gern mal ohne Hirn

Der Rasso vom Inkasso

Rasso Bszecenik, Inkassobürobesitzer – ein schmieriger Typ mit Lederjacke und gebrochenem Dialekt mit tschechischem Einschlag

Haben Sie's gäsähen? Haben Sie die Kleinä gärade gäsähen?

Ich bin sehr begeistert, wie das in Bayern funktionieren tut – mit Eltern, Schule und so – und wie gescheit die Kleinen hier schon sind! Alles is gut in Bayern. Früher haben 11-jährige noch Biecher mit Furry und Lassie gelesen, heute sehen sie sich selbergemachte Porno auf dem Kamerahandy an, das sie einem 4-jährigen geklaut haben.

Da is a Potenzial da, sag ich Ihnen.

Das muss ma den Bayern lassen, die bilden schon frieh ihre Leite aus. Weil sie wissen: Mit 40 bist du arbeitslos und mit 80 kriegst du erst a mal a Rente. Da musst du dich dazwischen sinnvoll beschäftigen kännen. Ich konn des Gejammere sowieso nimmer härän. Glaubän Sie, mir is wos geschänkt wordän? I bin gekommän mit am Rucksackl. Ich hob mich miehsam hinaufgäarbeität! Zerst in mein Wettbüro, dann a bissl Autohandel, später in Anlageberatung *(zeigt billige, minderwertige Plastikarmbanduhren in der linken Seite seiner abgeschabten Lederjacke)*. Da ghärt a Durchsätzungsvermägän dazu, einen Willän muss ma habän und Visionen und du brauchst a Analysä, vor allem abär a Sensibilität im Umgang mit dem Kundän!

1. Mein Gschäft is un-ter-halt-lich, des gfreit mich oft schon recht, wenn ich mir mei-ne Kund-schaft ge-nau be-trach-ten möcht. Schauns bei-spiels-weis da drü-ben, da wohnt gleich der Herr Kern. Der ghört mir schon seit fast fünf Jahr, den bsuch ich bson-ders gern.

Ich bin der Rasso vom Inkasso, hab Büro gleich nebenan. Ich motiviere jeden Schuldner, auch der wo nix mehr gäben kann. Ich begleite Sie persönlich mit meinem Balkan-Team, wenn Sie Forderungen habn, mei Telefon ist fünf, acht, siebn. Ich bin der Rasso vom Inkasso, hab Büro gleich nebenan.

Schluss

Und morgen komme ich zu dir, werst sehgn!

1. Mein Gschäft is unterhaltlich, des gfreit mich oft schon recht,
   wenn ich mir meine Kundschaft genau betrachten möcht.
   Schauns beispielsweis da drüben, da wohnt gleich der Herr Kern.
   Der ghört mir schon seit fast fünf Jahr, den bsuch ich bsonders gern.

   Ich bin der Rasso vom Inkasso, hab Büro gleich nebenan.
   Ich motiviere jeden Schuldner, auch der wo nix mehr gäben kann.
   Ich begleite Sie persönlich mit meinem Balkan-Team,
   wenn Sie Forderungen habn, mei Telefon ist fünf, acht, siebn.
   Ich bin der Rasso vom Inkasso, hab Büro gleich nebenan.

2. Mei Firma, die heißt Bszecenik, genau a so wie ich,
   und meine Kunden lassen mich nur selten mal im Stich.
   Doch neilich die Frau Schlesinger, verbraucherinsolvent,
   die muss ich jetzt ausbuchen: Sie hat selber sich aufghängt.

   Ich bin der Rasso vom Inkasso, a deitscher Gschäftsmann von Format,
   ich begleite meine Kunden mit viel Aufwand und mit Tat.
   Wir fangen an, wo andre aufhörn, des is fei manchmal schwer,
   da braucht's Erfahrung und Verständnis, oft gebns nur an Finger her.
   Ich bin der Rasso vom Inkasso bei mir zahlt jeder Kunde gern.

3. Amputationsinkasso heißt das im Fachjargon
   bei meine Subunternehmer aus der Ex-Sowjetunion.
   Die kümmern sich mit Liebe um meinen Kundenstamm,
   den ich grad übernommen hab von der Deutschen Bank.

   Ich bin der Rasso vom Inkasso, steter Tropfen höhlt den Stein.
   Ich bin bei jedem mir ganz sicher, sie werden alle willig sein.
   Wir expandieren praktisch täglich, denn die deutsche Armut blüht.
   Ein dreifach Hoch auf die Regierung, die sich da sehr gut bemüht.
   Ich bin der Rasso vom Inkasso und kriege auf a jede Tür.

   Und morgen komme ich zu dir, werst sehgn!

Und morgen komme ich zu dir!

Anmerkung:
Im Jahr 2012 wurden in Deutschland 105.000 Verbraucherinsolvenzen angemeldet und insgesamt waren 6,6 Millionen deutsche Haushalte überschuldet.

Die Couplet-AG – Die ersten 20 Jahre

Das Papsthaar

1. In Pent-ling mit-ten in der Nacht im hell-sten Mon-den - schein. Dul-jöh!

Wir gin-gen grad vom Club Che-rie auf 'm Be-ni-We-gerl heim. Dul-jöh!

Da sagt der Franz vom Dom-pfarr-amt: "Mein Gott, des kann nicht sein! Ein

Wun-der hat uns grad der-langt, da liegts, geh tragn ma's heim." Da liegt a

Papst-haar! Is des a Papst-haar? Ein hei - li - ges Haar! Es is a

Papst-haar! Des is mei Papst-haar! Oh mein Gott wie wun-der - bar! Mia habn a

Papst-haar! I hab a Papst-haar! Oh, oh, oh wie wun-der - bar! Ja die-ses

Papst-haar - des is mei Papst-haar - stift ma glei für'n Hoch-al - tar!

1. In Pentling mitten in der Nacht im hellsten Mondenschein. Duljöh!
   Wir gingen grad vom Club Cherie aufm Beni-Wegerl heim. Duljöh!
   Da sagt der Franz vom Dompfarramt: „Mein Gott, des kann nicht sein!
   Ein Wunder hat uns grad derlangt, da liegt's, geh tragn ma's heim."

   Da liegt a Papsthaar! Is des a Papsthaar? Ein heiliges Haar!
   Es is a Papsthaar! Des is mei Papsthaar! Oh mein Gott wie wunderbar!
   Mia ham a Papsthaar! Ich hab a Papsthaar! Oh, oh, oh wie wunderbar!
   Ja dieses Papsthaar – des is mei Papsthaar – stift ma glei fürn Hochaltar!

2. Am andern Tag woaß's der ganze Ort, und alle san beglückt. Duljöh!
   Das Wunder in der Pentlinger Nacht hat uns der Himmel gschickt. Duljöh!
   Drei Lahme sind gleich sehend wordn, Pro Sieben war dabei.
   Ein Raunen geht durch d' Republik, es grenzt an Zauberei.

   's Pentlinger Papsthaar – Des is mein Papsthaar! – macht für uns jetzt Wunder wahr.
   Ja mia san Papsthaar! – Ja ich bin Papsthaar, oh, oh, oh wie wunderbar!
   Hoch leb das Papsthaar! Hoch leb das Papsthaar! Unser neuer Superstar!
   La Ola, Papsthaar! La Ola, Papsthaar! Bussi, Bussi für das Haar!

3. Die Massen zieht's nach Pentling hin, selbst Gloria trifft ein. Ohjöh!
   Und gründet an marianischen Thurn-und-Taxis-Haarverein. Duljöh!
   Papstexperte Bischof Müller macht's Seelenheil komplett
   mit an Shopping-Center drin im Dom und Papsthaar-Pilgerset.

   T-Shirts aus Papsthaar, Schokolad' mit Papsthaar und a Papsthaardosenbier.
   Gebacknes Papsthaar, Papst mit Papsthaar, Papsthaargummis gibt es hier.
   Kaufts a Papsthaar! Kaufts mein Papsthaar, aber zahln Sie bitte bar!
   Unser Papsthaar – ja mein Papsthaar – kringelt sich am Hochaltar.

4. Das Gschäft, das nahm ein jähes End, die BILD bracht's an den Tag. Duljöh!
   Wie es Bischof Müller glesen hat, da trifft ihn fast der Schlag. Naja.
   Das heil'ge Haar von Pentling, das Wunder ohne Zahl
   vollbracht hat, stammt von einem Ratz aus dem Abwasserkanal.

   Des falsche Papsthaar – sein falsches Papsthaar – ein Attentat vom Araber.
   Des war Al-Qaida, des war Al-Qaida, die habn gschickt des Terrorhaar!
   Des falsche Papsthaar – sein falsches Papsthaar – ein Attentat vom Araber.
   Des war Al-Qaida, des war Al-Qaida, die habn gschickt des Terrorhaar!

   (gesprochen)
   Und die Moral von der Geschicht: einen Papst der haart, den gibt es nicht!

Anmerkungen:

– Benedikt XVI: 2012 pensionierter bayerischer Papst, vormals bekannt als
  Joseph Ratzinger mit langjährigem Wohnsitz in Pentling bei Regensburg
– Al-Qaida: weltweit operierendes islamistisches Terrornetzwerk, das u. a. 2001 den
  Anschlag auf das World-Trade-Center in New York verübt hat.
– Gerhard Ludwig Müller: erzkonservativer Hardliner, emeritierter Bischof von Regensburg
  (2002–2012), seit 2012 Chef der Glaubenskongregation (früher: Inquisition) in Rom
– Gloria von Thurn und Taxis: deutsche Provinzfürstin aus Regensburg mit Hang zum
  erzkonservativen Katholizismus

Sachsen sind immer dabei

1. Die Grenzen sind offen, das weiß jedes Kind,
   dass wir seit Jahrzehnten vereinigt sind.
   Und weil sich das Land auch bis Dresden erstreckt,
   hört man voll Freude sächsischen Dialekt.
   Ob U- oder S-Bahn, wo immer es sei:
   Die Sachsen sind immer dabei.

2. Du tafelst beim Schuhbeck im Kerzenschein,
   plötzlich kommt da ein Pärchen herein.
   Sie setzen sich justament neben dich,
   fressen zehn Gänge. „Mehr gann ich nich!
   Tu doch die Reste in die Tupper gleich nei."
   Die Sachsen sind immer dabei.

3. Du badest, du ölst und du duftest dich ein,
   gehst voller Erwartung in den Swingerclub rein.
   Da tönt es: „Mein Gutster, hallo, mein Lieber,
   du bist tausendprozentich auch von drieben rieber.
   Du riechst so nach Erich, ich merke das glei."
   Die Sachsen sind immer dabei.

4. Du stehst auf der Zugspitz, genießt dort die Ruh,
   da gesellt sich von hinten ein Bergfreund hinzu.
   Auch er schweigt sich aus, lässt schweifen den Blick.
   Da tönt's durch die Stille: „Ei verbibbsch, was fürn Gligg!
   Fehlt nur noch die Hellwig und ihre Jodelei."
   Die Sachsen sind immer dabei.

5. Das Festspiel in Ammergau, das ist grad aus,
   und auch der Herr Christus, der will jetzt nach Haus.
   Man grüsst ihn voll Ehrfurcht, da ruft es bereits:
   „Herr Schesus, Herr Schesus, wie war's aufm Kreiz?
   Wie läuft des Geschäft mit der Holzschnitzerei?"
   Die Sachsen sind immer dabei.

6. Und kürzlich da war ich in London zu Gast,
   da hätt ich doch beinah die Queen fast verpasst.
   Doch ein freundlicher Bobby, der wies mir den Weg
   und sagte akzentfrei, als ich so überleg:
   „You want to se Queen? Sis is se way."
   Die Sachsen sind immer dabei.

7. Und willst du dem Ganzen dann endlich entfliehn
   und steigst in das Flugzeug in die Wüste nach Benin.
   Du hast im Vorfeld schon alles gecheckt,
   dass sich an Bord auch kein Sachse versteckt.
   Da tönt es von hinten: „Allmächt! Jetzt hab ich kaa Spuggdüden dabei."
   Auch Franken sind manchmal dabei!

Anmerkung:
Die Textvorlage stammt von Otto Reutter („Ein Sachse ist immer dabei"), die Melodie wurde
neu gestaltet.

Die Aldi-Queen von Kasse 2

(eine resolute Aldi-Kassenkraft betritt die Bühne)

ALDI-Kassenkraft: *(zu Frau im Publikum)* Mei, Servus, griaß de! Ja, du in der dritten Reih,
gell, mia kennan uns. Jetzt wart a mal, mia fallt's jetzt glei auf Anhieb nimmer ei.
Woher kennen mia uns? *(überlegt)* Vom Fitnessstudio? *(betrachtet zuerst sich und dann
die Angesprochene)* Naa, des konn ned sei. Vom neia Elternbeirat von der Sonderschul!
Aa ned? Mensch, jetzt helf ma halt drauf. Woher kennan mia uns? Jetzt wart a mal,
lass mi a mal nachdenken. Genau, vom Aldi! Du bist doch de, de mit da ganzen Paletten
Joghurt in d'Kühlung neigfalln is. Mei, habn ma mia a Gaudi ghabt. Des warst doch du,
gell?

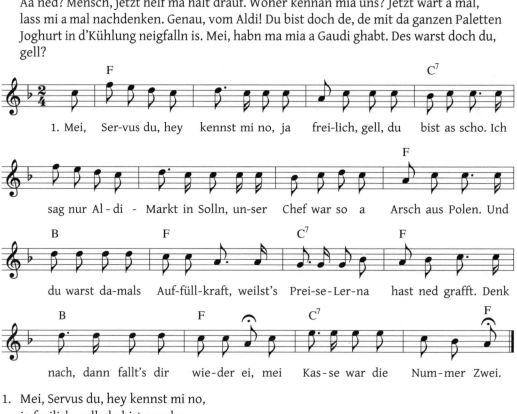

1. Mei, Servus du, hey kennst mi no, ja freilich, gell, du bist as scho. Ich
sag nur Al-di-Markt in Solln, un-ser Chef war so a Arsch aus Polen. Und
du warst da-mals Auf-füll-kraft, weilst's Prei-se-Ler-na hast ned grafft. Denk
nach, dann fallt's dir wie-der ei, mei Kas-se war die Num-mer Zwei.

1. Mei, Servus du, hey kennst mi no,
   ja freilich, gell, du bist as scho.
   Ich sag nur Aldi-Markt in Solln,
   unser Chef war so a Arsch aus Polen.
   Und du warst damals Auffüllkraft,
   weilst's Preise-Lerna hast ned grafft.
   Denk nach, dann fallt's dir wieder ei,
   mei Kasse war die Nummer Zwei.

2. Ich bin die Queen von Kasse zwo,
   mei Fließband treibt dei Glump voro,
   mei Tastatur, die hupft und kracht,
   wennst z'langsam bist, wirst fertiggmacht.

Und bist nicht devot und untertan,
sondern fangst vielleicht no 's Motzen an,
dann werdn von deine vierzig Posten
glei fünfanzwanzge mehra kosten.

3. Der gute Kunde zeichnet sich dadurch aus,
dass er geduldig harrt in da Schlange aus,
und ned wie diese Rentnerplag,
de keift und nervt den ganzen Tag:
„Warum hockt ma so a Rindviech in d'Kasse nei,
der schlafan beim Tippen ja de Finger ei!"
Das erfüllt mein goldnes Kassiererherz
mit vergeltungssüchtigem Racheschmerz.

4. Ich bin die Queen von Kasse zwo
und kimmt so a zwiderne Oide dro,
dann dua i extra Gas no gebn,
dann tobt am Fließbandende 's Lebn.
Denn beschleunigt durch mein Ellenbogn
fliagt 's Zeig ins Wagl in hohem Bogn.
Und maults über a z'brochene Ketchupflaschn,
's nächstmoi kriagst an Baaz glei in d'Einkaufstaschn.

5. Ich bin die Queen von Kasse zwo ...
(gesprochen, Musik bricht ab)
Ja, jetzt woaß i's wieder, woher mia uns kenna. Nix Auffüllkraft!
Hausverbot wegen Ladendiebstahl – so schaut's aus!
Ich bin die Queen von Kasse zwo
und stehngan aa no fuchzge o,
„Bei mir nicht mehr!", da könnts no a so faucha,
(gesprochen) i geh jetzt aufs Klo – oane raucha!

Erklärung:
ALDI (früher: Albrecht-Discount) gehört in Deutschland zu den umsatzstärksten Discountern und ist vor allem aufgrund seines Umgangs mit Mitarbeitern und Zulieferern berüchtigt. Für Billigheimer und Schnäppchenjäger ist ALDI nach wie vor die erste Wahl, für Gewerkschafter und Arbeitnehmervertreter jedoch ein rotes Tuch. Bis zum Jahr 2000 gab es bei Aldi weder Preisetiketten noch Scannerkassen. Die Kassiererinnen mussten die Preise aller Produkte auswendig lernen und per Hand eintippen – eine Kontrolle der langen Kassenbons ohne Artikelbezeichnungen war für den Kunden kaum möglich. Allen damaligen Aldi-Kassiererinnen ist dieses Couplet gewidmet.

Grabgespräche

Ein Gottesacker mitten in Bayern. Frau Butz und Frau Randlskofer treffen sich zufällig bei ihrem Friedhofsbesuch am Grab vom Adolf Randlskofer.

Personen: Frau Butz, Frau Randlskofer und Frau Bruckmeier. Letztere tritt aber nur fiktiv in Erscheinung.

B: Mei, Sie hams aber jetz gschmackvoll gmacht, Eahna Grab! Sowas hat ned jeder.

R: Grüß Gott Frau Butz! Gfällts Ihnen? I glaub, den Sumpfeibisch sollt i noch a bißl stutzen, damit de Nießwurz meahra Luft griagt und ich könnt dann noch die Geranien vom Aldi dazwischen drapiern.

B: Ja, weil a Grab muß voll ausschaun! Da muß was drauf sein! Net wie drübn bei der Bruckmeierin. Hams dera ihre verhungerten Stiefmütterl scho gseng! I daad mi schama in Grund und Bodn! Fünf owebrochane Stangerl, auf dem riesen Familiengrab!

R: Geh hörns ma doch mit dera auf! Ich sag ja immer: Wie die Wohnung – so das Grab! Warns scho a moi bei dera in da Wohnung?

B: Ja, bei der letzten Caritas-Sammlung! Da hätt mich fast der Schlag getroffn! Da mußt ja erst mal mit der Raupn durchfahrn, daß'd überhaupt neikommst!

R: Aba ogebn wia zehn nackerte Neger!

B: Außen hui, innen pfui!

R: Mi wunderts net, daß dera ihr Albert so früh ins Gras bißn hat! Bei dene is ja alles so vermilbt und so dreckig! No schlimmer wia bei de Mitterbauers!

B: *(sehr interessiert)* Waas??

R: Sie, des ganze Wohnzimmer oa Berg Dreckwasch. Und an Staubsauger kennt die Bruckmeierin ja sowieso net!

B: Naa??!!

R: I sogs Eahna, de is am Deife z'grintig, sonst hätt as scho ghoit!

B: Und er war ja doch eine Seele von am Mo! Immer galant – und seine schönen blauen Augn! *(schwärmt)*

R: I hättn ja damals so gern ghabt, aber ausgrechnet de oide Schabrakn hat er habn müßn! Mit ihre gschlitzn Röck. Bis zum Juchhee hast ihr allerweil nauf schaun kenna!

B: Wennst so aane dahaam hast, da brauchst deiner Lebtag kaan Kreizweg mehr betn! Jetz soll sie's ja mit am Albaner ausm Flüchtlingslager drobn habn!

R: Der passt gwiß zu ihr. Weil de san ja an Dreck gwohnt!

B: Hoffentlich watscht er sie gscheit daher – weil de san ja bekannt dafür!

R: Ja! Vielleicht muaß dann endlich a moi für ihr Liederlichkeit a wenig biassn – weil wia's de treibt!

(während beide weiter die Frau Bruckmeier sezieren, kommt diese zufällig des Weges und nähert sich den Damen am Grab von Adolf Randlskofer, Frau Butz bemerkt dies als erste und wechselt sofort das Thema)

B: Apropos treibn! Mei Efeu treibt heia – i komm kaum mehr mitm Zruckschneidn nach! Mei, de Frau Bruckmeier!!!

R: *(reagiert ertappt)* Haha, mia habn Sie jetz gar net kommen sehn! Sans scho lang da?

B: *(will eilig den „Tatort" verlassen und spritzt heftig mit dem Weihwasser auf das Grab)* Das ewige Licht leuchte ihm!

R: *(folgt ebenfalls eilig)* Herr laß ihn ruhen in Frieden! *(Heuchelnd zur Frau Bruckmeier)* Gell, Sie sind ja jetzt in der Flüchtlingshilfe aktiv, hab ich ghört ... mei, wärn nur alle Menschen so voller Nächstenliebe, wie Sie, Frau Bruckmeier ... *(stupst die Frau Butz an, die kopfnickend neben ihr steht)*. Auf geht's, Frau Butz, ned dass wir zu spät zum Rosenkranz kommen, der Herr Stadtpfarrer mag des gar ned gern ! Auf Wiederschaun, Frau Bruckmeier und einen schönen Tag noch.

(beim Weggehen, nicht mehr in Hörweite von Frau Bruckmeier)

B: Mich hätt jetzt bald der Schlag getroffen, wie die plötzlich neben uns gstanden is. Hoffentlich hat die nix ghört?! Des is ja so ein verlogenes Luader und eine Erzratschn vor dem Herrn!

R: Ja ned, dass ma ins Gred kommen mia zwei!

B: Mia haben uns nix vorzuwerfn. Es is alles nur die Wahrheit und die derf ma sogn! *(ab)*

Dr. Kudernak und sein Vogel

Bayern 3-Signal ertönt aus dem Off: „Achtung, eine Suchmeldung der Polizei: Gesucht wird, der 78-jährige Leo Kudernak, der heute Morgen aus der Senoirenresidenz ‚Letzte Heimat' entwichen ist. Herr Kudernak ist geistig verwirrt. Er trägt einen gestreiften Bademantel und irrt vermutlich hilflos umher. Sachdienliche Hinweise nimmt jede Polizeidienststelle entgegen."

Dr. Kudernak: *(rennt über die Bühne mit wirrem Blick und schreit zum Publikum)*
Piep, piep! Piep, piep! Piep!! Hallo Sie, psst psst! Haben Sie meinen Vogel gsehn?! Hallo Sie, ich such meinen Vogel ... haben Sie meinen Vogel gsehn?! Schreiben Sie's auf, schreiben Sie's mit: haben Sie meinen Vogel gsehn? Ich muss meinen Vogel finden. Weil ich bin die letzte Hoffnung für Deutschland. Schreibens des auf, schreibens des mit, ich bin die letzte Hoffnung! Ich kann des beweisen. Also, ich beiß grad in meine Leberkässemmel, da kommt die Frau Holle geflogen und schenkt mir vom Ausverkauf bei der Quelle einen Vogel. Die Frau Holle fliegt wieder zurück zu ihre Betten und auf einmal, plötzlich kommt aus dem Vogel ein Lichtstrahl. Glänzendes Licht!!! Sie können sich des ja gar nicht vorstellen, Sie haben ja keine Ahnung. Ein gleißender Lichtstrahl! Und, dann steht sie vor mir und ich hör wie sie sagt: „Dr. Kudernak, Sie sind die letzte Hoffnung für Deutschland!" Ich war wie gelähmt, weil ich in dem Licht plötzlich eine Frau erkannt hab. Es war ... es war ... es war die Jungfrau Maria mit der Frisur von der Angela Merkel!!! Ich hab's mit eigenen Ohren gsehn!! „Deutschland drohen sieben magere Jahre. Kudernak, rüttel die Leut wach, sonst is aus mitm Leberkäs!" Schreiben Sie's auf, schreiben Sie's mit, sonst vergessen Sie es ja wieder!!! Die Hintermänner hat's mir nicht mehr sagen können, weil mir der Vogel weggeflogen ist! Schauns, wie geht man mit so einer Verantwortung um? Ich steh jetzt da, mit der Verantwortung. Sie hallo ..., hallo Sie!!!! Haben Sie meinen Vogel gsehn ... ich such meinen Vogel. *(Weinerlich)* Piep, piep, piep!! *(ab)*

Anmerkung:
- Quelle: ehemaliges Großversandhaus
- Dr. Kudernak: eine der signifikantesten Figuren in den Programmen der Couplet-AG und genießt mittlerweile Kultstatus. Stets ins Nirwana abgedriftet und doch mit politischen Lichtblicken versehen, geistert der ältere Herr im Bademantel mit Aktentasche bewaffnet, durch die irdischen Welten. Im absoluten Verfolgungswahn fordert er fast mantraartig: „Schreiben Sie's auf, schreiben Sie's mit, sonst vergessen Sie es wieder!"

Dr. Kudernak und die
beste Leberkässemmel

Bsst! Bsst! Da sans scho wieder. Spitzel. Alles Spitzel. Überall san Spitzel. Da sitzt einer. Dort sitzt einer und da sitzt auch einer. Und dahint', hört auch schon wieder einer mit. Überall verfolgns mich, bloss weil ich mich auskenn. Ja, ja! Der Dr. Kudernak kennt sich aus. Ich kenn mich! Ja, schreiben Sie's auf, schreiben Sie's mit, sonst vergessen Sie es ja wieder! Was glaubns, was ich Ihnen für Geschichten erzähln könnt. Ich sag Ihnen, wenn sie wüssten, was ich für Gschichten weiß. Ja, schreibns Sie's halt auf ... schreiben Sie's halt mit!! Die beste Leberkässemmel, die allerbeste Leberkässemmel, wo gibt's die haaa?! Die allerbeste Leberkässemmel gibt's beim Günal Shahidi im Izmirstüberl in Wurmannsquick! Habns des?? Izmirstüberl!!! Und jetzt sag ich Ihnen noch etwas. Täglich habn ma Attentate. Täglich neue Attentate. Schon wieder ist ein Attentat geplant. Ich weiß des. Da Dr. Kudernak weiß das! Ja, schreibn Sie's halt auf, schreiben Sie's mit! Hinterher sagns wieder alle, hättn mir des gwusst! Aber mich fragt ja niemand. Täglich neue Attentate von diesem Steuernetzwerk Berlin. Ich weiß, wovon ich red. Die Überraschungseier habns jetzt im Visier, aber nicht mit mir. Ja, schreibns Sie's halt auf, sonst vergessen Sie's ja wieder alles! Und des Hundefutter! Schreibns Sie's auf! Jetzt frag ich Sie, wie soll einer Steuern sparn, wenn er gar keinen Hund hat??? *(sich umsehend, unruhig)* Bsst, bsst. De san scho wieder hinter mir her. De verfolgn mich schon wieder! Schreiben Sie's auf, schreiben Sie's mit. Sie haben mich nicht gsehn. Ja, schreibns Sie's halt auf, aber zeigns des ja niemand. Sie haben mich nicht gesehn ... *(geht ab)*.

Schreiben Sie's auf,
schreiben Sie's mit!

Dr. Kudernak und die entführte Leberkässemmel

Sie hallo ... Sie, bssst, bsst!!! Haben Sie meine Rente gsehn?! Ich such dringend meine Rente, damit ich meine Leberkässemmel retten kann. Sie hallo, ich such meine Rente, schreiben Sie's auf, schreiben Sie's mit, weil sonst vergessen Sie es ja wieder! *(erblickt im Publikum eine Bekannte)* Mei gell, wir kennen uns! Wir haben uns schon irgendwo gesehn. Es fällt mir gleich wieder ein. Jaaaa, Sie sind die Erbcousine von der Zarin Anastasia. Mei, und da drüben sitzt der einarmige Bruder vom König von Mallorca. Schön, wenn man immer wieder Bekannte trifft, gell. *(spürt vermeintliche Verfolger auf)* Schauns, da sind schon wieder Spitzel. Überall hin verfolgns mich, bloss weil ich mich auskenn. Jaja der Dr. Kudernak weiß Bescheid. Was glaubns was ich für Gschichtn weiß, wenn Sie wüssten was ich für Gschichtn weiß. Ja, schreiben Sie's auf, schreibns Sie's mit: meine Leberkässemmel ist entführt worden. Und ich weiß auch von wem. Mhhmm!!Vom Nürnberger Faschingskönig. Und, wenn ich kein Lösegeld dafür bezahle, verkauft er mich als Funkenmariechen an die Landesbank. Schreibns Sie auf, schreibns Sie mit, sonst vergessen Sie es ja wieder! Sie haben den bestimmt schon a mal gsehn!!! Er ist verkleidet als Murmeltier und seine Frau als Kröte und jeder der nicht zu ihr sagt „Grüß Gott Frau Faschings-Königin", wird solange mit Bratwurstsuppe gefüttert, bis er platzt. Da Kudernak weiß des, ich kenn mich aus! Des hat mir der Erwin Huber gsagt . Den habns auch gefangen. Der liegt schon auf der Streckbank in der Nürnberger Burg. *(entdeckt abermals Verfolger)* Schauns, da sinds scho wieder. Schreibn Sie auf, schreibn Sie mit! Sie haben mich nicht gesehn, aber zeigen Sie's niemanden. Und, wenn Sie meine Rente finden, dann kaufens mir meine Leberkässemmel zurück. Schreibns Sie's auf, schreiben Sie's mit, damit wir den Erwin Huber erlösen. Ja schauns halt ned! Schreibn Sie's auf, schreiben Sie's mit, sonst vergessen Sie es ja wieder. *(ab)*

Anmerkung:
Erwin Huber, ehemaliger Minister und CSU-Vorsitzender, Günther Beckstein, ehemaliger bayerischer Ministerpräsident und Minister. Beide agierten in der Entstehungszeit dieser Szene als politisches Tandem. Bei der Fernsehprunksitzung in Veitshöchheim trat zudem der Franke Beckstein zusammen mit seiner Frau Marga stets in ungewöhnlichen Kostümen in Erscheinung.

Dr. Kudernak auf dem Jakobsweg

Sie hallo, hallo Sie ... bsst bsst, hallo Sie, ich such den Jakobsweg. Hallo Sie, habn Sie den Jakobsweg gesehn? Schreiben Sie's auf, schreiben Sie's mit, sonst vergessen Sie's ja wieder! *(entdeckt im Publikum eine vermeintliche Bekannte)* Mei, da sitzt ja die Wiedergeburt von der Frau Mutzenbacher. Grüß Sie Gott Frau Mutzenbacher, haben Sie den Jakobsweg gsehn??? Wissens ich muss den finden, weil da is grad die Negerkönigin von Regensburg unterwegs und die hat meine Rente gstohln. *(erklärt)* Die blonde Negerkönigin aus Regensburg, jaaaa!! Gloria heißts! Und die hat meine Rente und mit der will sie auf dem Jakobsweg die Frau Merkel heiraten. Ja schreiben Sie's auf, schreiben Sie's mit! Und dann eröffnen sie ein Fischgeschäft im Vatikan. Ich weiß des. Ja, da Dr. Kudernak weiß des! *(entdeckt vermeintliche Verfolger)* Schauns, da sind schon wieder Spitzel. Die hörn schon wieder mit. Die hat der Schäuble von der Pflegeleitung gschickt. Aber ich bin ein Drachentöter, hat das Dornröschen gsagt. Und wenn ich gesiegt hab, dann feiert der Papst mit dem Bischof von Regensburg Verlobung. Und zum Essen gibt's fette Leberkässemmeln mit Händlmeiersenf!! Aber zuerst muss ich den Jakobsweg finden. Ja, schreiben Sie s halt auf, schreiben Sie s mit, sonst vergessen Sie's wieder. Ich muss den Jakobsweg finden. *(im Abgehen)* Hallo, Sie ... bst bsst, haben Sie den Jakobsweg gsehn? Ich muss den Jakobsweg finden. *(Ab)*

Dr. Kudernak und die Hormone

Hallo Sie bsst, bsst … *(flüstert)* … riechen Sie des?! Hallo Sie, riechen Sie des?! Nein, nicht nach Alfons Schuhbeck. Oxytocin!!! Schreiben Sie's auf, schreiben Sie's mit, sonst vergessen Sie es ja wieder! Ja, Hormone, überall Drogen-Hormone. Die schickt der Herr Seehofer jetzt durch die Klimaanlage und die blasen sich dann in Ihr Hirn, damit Sie ihn nett finden und wählen, und ich ihm meine Rente schenk! Aber nicht mit mir! In meine Leberkässemmel hat er's auch schon gespritzt. Des hat mir der Doktor aus Zürich gsagt. Deshalb muss ich auf meine Hirnanhangsdrüse aufpassen. Ja, des is ganz gefährlich. Schreiben Sie's auf, schreiben Sie's mit, sonst vergessen Sie es ja wieder! Bei den Gebirgsschützen hat's schon funktioniert, da hat's des ganze Hirn verpappt, wie beim Herrn Wowereit. Deswegen baut er seinen Flughafen jetzt das nächste halbe Jahr ehrenamtlich! Der Herr Ramsauer hilft auch dazu. Bitte niemandem mehr trauen! Auch nicht sich selbst. Ja schreiben Sie halt auf, schreiben Sie's mit, sonst vergessen Sie's ja wieder!! Aber ich sprüh jetzt zurück. Der Dr. Kudernak spritzt jetzt zurück!! Dann lieben alle mich und schenken mir ihre Rente! Und, dann werde ich König von Bayern und erzähl jedem, dass der Seehofer eine Zangengeburt ist und orthopädische Schuhe tragen muss!! *(entdeckt vermeintliche Verfolger)* Mei, schauns, da sinds schon wieder. Schreiben Sie's auf, schreiben Sie's mit! Sie haben meine Hormone nicht gesehn, gell. Sie kennen meine Hormone nicht! Aber zeigen Sie's niemand, auch nicht sich selber!! *(ab)*

Anmerkung:
Klaus Wowereit, regierender Bürgermeister von Berlin

In Nomine Patris

Eine Kleinstadt mitten in Bayern. Glocken läuten. Festlich gewandete Menschen. Für die einen der schönste Tag im Leben, für die anderen eine kirchliche Trauung, unter heftigster Anteilnahme christlich-sozialer Menschenfreunde. Das Kirchenschiff füllt sich langsam mit der Hochzeitsgesellschaft. Nach und nach betreten die Anverwandten und vor allem Neugierige den Raum. Frau Randlskofer, eine wuchtige Altbayerin, kniet mit lauerndem Blick in der Kirchenbank, ihre Nachbarin, Frau Butz, unverkennbar eine Fränkin, kommt eilig hinzu und kniet sich ebenfalls hin, bekreuzigt sich:

R: Gutn Morgn, Frau Butz.

B: *(schnauft tief und ist außer Atem)* Gutn Morgn Frau Randlskofer, jetzt hätt is beihna nimma gschafft, vor lauta Schnell-Schnell. I woar nämle no grod beim Edeka, a klaans Gschenkla bsorgn, fürs Krankenhaus. Für die Döderleins Anni!

R: Ja wos, liegt de scho wieda drin?

B: Seit zwaa Wochn scho.

R: Mei gell, wos wuist jetzt sogn, mit ihre 83 Jahr?

B: 84!! De is ihra Verwandschaft scho lang gnuuch im Wech umganga.

R: Und, habn's na wos gfund'n, gschenkmäßig?

B: Mei, a Schachtl „Piasten"-Pralinen, a Klaanigkeit halt. Gott weiß, wie lang daß de no lebt!

R: *(stösst Frau Butz)* Pssst, schaug'S da kommt scho d'Hochzeitsgsellschaft!

B: Na, da bin ich ja sowas von gschpannt! Auf de Hochzeit gfrei ich mich scho seit Wochen! Do schaug'S, des is doch die Marianne! No freilich, des is doch die Marianne!

R: Welche Marianne?

B: No, die Staudinger Marianne, vom Postwirt die Ältest.

R: Naaaaa! Ja mei liaba Herrgott! Wia kummt na de daher? No genauso grintig und gschlampert wie früher!! Wia Oane vom Wagn außa!

B: Und des Gfriß! Guckn sa sich des Gfriß a mal an!

R: Sagn'S, is der ihr Mo a Ausländer?

B: No freilich, des is doch a DDRler!

R: Aus der Ostzone?!

B: An der is doch nix anders bappn bliebn.

R: Und des nebn ihr, san gwiß de Kinda!

B: Im Gschau nach, auf jeden Fall. Mein Gott, hoffentlich verwachsn se daij no!

R: Na, des glaab i ned, dafür sans scho z'alt!

B: De werns a mal ned leicht hobn, im Lebn.

R: *(stößt ihre Nachbarin)* Jetzt kommt's Brautpaar! Mei schauns a moi des Gwand o! Des soi vom Chanel sei!

B: Des soll a Brautkleid sein?! Die weiß doch wärkle nimma, wos no oziehn soll! Mit solchene Fetzn möcht ich net a mal mei Klo rauswischn, aber vielleicht saugt's gut!

R: Frau Butz, da, schaugn'S amoi!

B: Naaaa! Sogns, habn de jetzt wirklich alles eigladn!

R: Mei, ma muass a de kloane Verwandschaft dakenna, bsonders jetzt, wo ma se Frau Staatssekretärin schimpft.

B: Naa sogns!

R: Habn'S des ned in da Zeitung glesn. Erst vor am halbn Jahr hods sa se den gschnappt!!

B: Die Fuffzgerl Gitte! Des is ja unglaublich!

R: Jaa, de hod se hochgschlafa, mei Liaba!

B: De woar ned so blad wia unserans und hod sich mit am klaana Beamtn zfriedn gebn. Aber, des Flitschnhafte muß da einfach gebn sei. I könnt's ned!

R: *(bekreuzigt sich)* In Ewigkeit, Amen!

B: Mein Gott, san ma scho soweit! Ich bin no ned a mal zum Betn komma. Aber unseraans betet ja eh so viel.

R: Genau! De solln erst amoi sovui betn, wia mia scho bet haben! *(deutet dabei auf die Hochzeitsgesellschaft)*

B: Kommen'S, sonst versäum ma no an Kirchnzug, zum Wirt nüber! *(stehen auf, gehen ein paar Schritte hinter den Hochzeitsgästen)*

R: *(zu Frau Butz)* San Sie aa zum Essen eingladen?

B: Warum? Sie aa?

R: Sowieso!

B: *(spricht zu sich)* Die hobn scho wärkli alles eingladn!

R: *(entdecken nun endlich in der Masse der Hochzeitsgäste die Frau Staatssekretärin und nähern sich dieser zielstrebig)* Griass de Marianne! Mia ham di scho gseng, in da Kircha! Du hast di ja vielleicht rausgmacht! (nun zum Nachwuchs der Frau Staaatssekretärin gewandt)* Und, san des deine Kinda? Sowos liabs, de san dir wia ausm Gsicht gschnittn.

B: Jo, wärklich! Ich hab's grad vorher schon zur Frau Randlskofer gsacht: „Es is ein Segen Gottes, wenn ma solchane scheena Kinda hat!"

Anmerkung:
- „Wia Oane vom Wagn außa": niederträchtige, umgangssprachliche Beschreibung für Menschen die „im Wagen leben", sprich Zigeuner, fahrendes Volk
- Flitschn: leichtes Mädchen mit ständig wechselnden Männerbekanntschaften
- Chanel: Coco Chanel, französische Modeschöpferin
- Ostzone: Umschreibung für die ehemalige Deutsche Demokratische Republik
- Piasten Pralinen: hochwertige Billigstpralinen, das beliebte Mitbringsel für ungeliebte Personen

Willkommen in der Welt
der Erotik

Geh, peitsch mi

... auch wenn der Arsch mir brennt.

Bierbauch-Hasi

Person: Eine Frau mittleren Alters mit einem ausgeprägten Hang zur Mitteilsamkeit

Sie, entschuldigen Sie bitte, aber ich beobachte Sie jetzt schon die ganze Zeit. Alle da
herinnen sind so gut drauf, so lustig und Sie schaun so ... ja, irgendwie lustlos aus. Darf ich
Sie was fragen? Ist des da Ihr Mann? Ja, wissen Sie, als Leidensgenossin macht man sich halt
so seine Gedanken und ich weiß, die Qual der Partnerwahl ist eine große.
Duat se da no wos bei euch? Wissen S', mir ist es ja früher ganz genauso gegangen! Und
da hätte ich einen Super-Tipp für Sie, wie Sie wieder auf Touren kommen. Soll ich Ihnen
verraten, was bei mir die absolut erotische Hammerwirkung hat? Ich sag nur ein Wort:
Stüberl! Da sitzen sie nämlich alle reihenweise drin: Die Männer mit den ganz besonderen
erogenen Zonen. Und ich sag Ihnen, da bin ich nicht mehr zum Derbremsen!

1. Se-xu - ell da bin ich ganz nor-mal, Frau-en sind halt ein-fach nicht mein
Fall. Doch auch mit Män-nern hatt' ich ein Pro-blem, jetzt kann ich
end-lich of-fen drü-ber redn. Denn heut weiß ich Be - scheid, was mich
scharf macht und be - freit: Ich vi-brier von Kopf bis Zeh, ja vom
Kopf bis zum Zeh, wenn ich an Mann mit ei-nem Bier-bauch seh! Ich spür's von

Kopf bis Zeh, mich juckt's vom Kopf bis zum Zeh, wenn ich an

Mann mit ei-nem Bier-bauch seh! Und wölbt er sich so stolz und

rund ü-berm Ber-mu-da-ho-sen-bund. Oh ja, da

krei-sche ich vol-ler Ek-sta-se: Komm her, mein Bier-bauch-ha-se!

1. Sexuell da bin ich ganz normal,
   Frauen sind halt einfach nicht mein Fall.
   Doch auch mit Männern hatt' ich ein Problem,
   jetzt kann ich endlich offen drüber redn.
   Denn heut weiß ich Bescheid,
   was mich scharf macht und befreit:

   Ich vibrier von Kopf bis Zeh,
   ja vom Kopf bis zum Zeh,
   wenn ich an Mann mit einem Bierbauch seh!
   Ich spür's von Kopf bis Zeh,
   mich juckt's vom Kopf bis zum Zeh,
   wenn ich an Mann mit einem Bierbauch seh!
   Und wölbt er sich so stolz und rund
   über'm Bermudahosenbund.
   Oh ja, da kreische ich voller Ekstase:
   Komm her, mein Bierbauch-Hase!

   (gesprochen)
   Können Sie sich's vorstellen, meine Damen?
   Des is da pure Wahnsinn, des macht dich fix und alle!

2. Mich zieht's jeden Tag zum Stüberl hin,
   denn da sitzen sie dann alle drin:
   Männer mit gefülltem Unterleib,
   prall gereift, zum Pflücken schon bereit.
   Und sprengt's die Knöpferl fast vom Hemd,
   dann greif ich zu, ganz ungehemmt.

   Weil ich vor Sucht vergeh,
   ja vor Sucht vergeh,
   wenn ich an Mann mit einem Bierbauch seh!
   Ich find des wunderschee,
   ich könnt vor Glück vergeh',
   wenn ich an Mann mit einem Bierbauch seh!
   Und quillt er dann so unerhört,
   der Nabel aus dem Slim-Fit-Shirt.
   Oh ja, da kreische ich voller Ekstase:
   Nimm mich, mein Bierbauch-Hase!

   (gesprochen)
   Schaun S', jetzt hat's scho ganz glasige Augn.
   Des is besser als jedes Wasserbett!

3. Im Sommer wird FKK gemacht
   inmitten hüllenloser Männerpracht
   beim Ranzenfeuerwerk der Sinnlichkeit,
   ihre Kugeln leuchten schon von weit.
   Da hab ich dann die Qual der Wahl
   und stöhne lustvoll jedes Mal.

   Ich brauch kein Negligé,
   weil ich aufs Ganze geh,
   wenn ich an Mann mit einem Bierbauch seh!
   Ich spür's von Kopf bis Zeh,
   ich könnt vor Lust vergeh,
   wenn ich an Mann mit einem Bierbauch seh!
   Und ist er dem Platzen nah,
   dann bist du mein Superstar.
   Oh yes! Ich kreische voller Ekstase:
   Forever, mein Bierbauch-Hase!

Hengst im Vollerwerb

Der schüchterne Jungbauer Schorschi Randlkofer kommt mit BMW-Käppi und rosa Küchenschürze zaghaft und vorsichtig auf die Bühne.

Schorschi: *(holt tief Luft, nach einer kleinen Pause)*
Hallo, Servus!
(grinst unsicher) I bin da Schorschi Randlkofer.
Bin 42 Jahre jung, Vollerwerbs-Landwirt und voller Leben.
(Holt nochmals tief Luft)
Ich suche auf diesem Wege jemanden, der wo zu mir passt.
Meine Hobbys sind: Das Züchten von fettreichen Bio-Schweinen,
echte Freundschaft uuuuuunnd
(neigt sich dabei nach vorne, so dass von seinem Käppi die Aufschrift „BMW" zu sehen ist)
mein BMW!

Stellt sich jetzt im Ausfallschritt Richtung Publikum, nimmt seinen ganzen Mut zusammen sowie den Zipfel seiner umgebundenen Schürze und beginnt zu singen:

1. Al - lei - ne un - ter Kü - hen, das ist nicht im - mer schön, drum

such ich was fürs Her - zen, viel - leicht duat heut was gehn. In der

Land - Flirt - Chat - ge - mein - de vom Ma - schi - nen - ring da

surf ich bei - nah täg - lich, doch mei Hoff - nung is da - hin. Denn

al- les, was die bie - ten, is lei - der nix für mich, drum

1. Alleine unter Kühen, das ist nicht immer schön,
   drum such ich was fürs Herzen, vielleicht duat heut was gehn.
   In der Land-Flirt-Chatgemeinde vom Maschinenring
   da surf ich beinah täglich, doch mei Hoffnung is dahin.
   Denn alles, was die bieten, is leider nix für mich,
   drum frag ich da herinnen, bittschön lassts mich nicht im Stich.

   Hengst im Vollerwerb sucht Stute für Ausritt oder mehr,
   keine legereifen Junghennen, weil de gebn mir nix her,
   auch Einheirat geboten bei guter Abstammung,
   für schwulen Spass im Stall bei gleicher Veranlagung.

2. Ich bin auch gar nicht wählerisch, nur robust und nicht zu klein,
   für d'Milchviehhaltung Interesse habn und ungebunden sein.
   So wünsch ich mir seit langem meinen Lovebauernbuam,
   vielleicht an Bullenmäster mit genfreie Zuckerruabn.
   Optisch bin i ned festgelegt, denn Schönheit die vergeht.
   Hauptsach, dass er was mitbringt, a Mähdrescher wär ned blöd.

   Hengst im Vollerwerb sucht Stute mit vorne guat was dran,
   keine legereife Junghenne, was fang i mit so was an,
   Ziegen, Schafe, Schweine, Gockel, Ochs und Kuh,
   wer mir zu guter Letzt noch fehlt, des waarst jetzt nacha du.

   (gesprochen)
   Mei schau amoi, der schaut scho de ganze Zeit her zu mir.
   Moanst, dass der mi moant? Hallo! Servus!

3. Vielleicht will einer umschuln, auch das wär kein Problem
   vom Friseur zur Landwirtin, des daat se na scho gebn.
   Mia eröffnen halt an Hofladn mit Wurst und Marmelad,
   nebenbei machst Besamer, des waar doch gar ned fad.
   Es wäre auch sehr praktisch, wenn sich a Tierarzt fändt,
   der kostenfrei gern spritzt beim Landflirt-Happy-End.

   Hengst im Vollerwerb sucht Stute mit vorne schee was dran,
   keine legereife Junghenne, was fang ich mit sowas an,
   zier di ned, mach den ersten Schritt, denn ich bin furchtbar scheu,
   ich warte voller Lust auf Dich – draußen drin im Heu.

Anmerkung:
Bereits im Jahr 2003, also lange vor „Bauer sucht Frau", haben wir uns mit dem Liebesglück
auf dem Land beschäftigt – vor allem wenn der einsame Junglandwirt keine Frau, sondern
einen Mann sucht.

Geh, peitsch mi

Moderator des lokalen TV-Senders; Maria Lochbichler (sitzt im Publikum)

Moderator: *(kommt stürmisch mit einem Handmikrofon auf die Bühne)*
Hallo guten Abend, wir von Munich-TV sind auf der Suche nach interessanten, unverbrauchten Gesichtern dieser Stadt und machen eine ganz neue Talkshow. Wir sind der neue Sender mit dem ganz neuen Konzept und unser neues Konzept ist, dass alles gaaanz, gaaaanz neu ist!
(geht nun suchend aufs Publikum zu) Ja, meine Damen und Herren, wer möchte in unserer heutigen Talkshow nun hier auf die Bühne kommen? Wer möchte etwas Interessantes aus seinem Leben erzählen?
Ja, kucken wir mal ... *(geht dabei ins Publikum)*
Ja, da steigt der Adrenalinspiegel! *(zu den Zuschauern in den ersten Reihen)* Das ist der Nachteil, wenn man sich so so weit vordrängt! Wahnsinn!
Wenn ich heute Abend so in die Gesichter blicke, da merke ich, hier verbirgt sich noch so manch banal erregende Story, so manch banal erregendes Erlebnis.
(geht auf einen vermeintlichen Kandidaten zu) Ja, Sie vielleicht? Nein danke, bleiben Sie ruhig sitzen. *(zum restlichen Publikum)* Drängeln Sie sich ja nicht vor, wir nehmen keine Freiwilligen.
Ist das denn die Möglichkeit, hier tun sich ja Abgründe auf! Wer hätte das gedacht!
(geht jetzt auf die Mitspielerin zu, die bereits unbemerkt im Publikum auf ihren Einsatz als Kandidatin wartet) Ja, Sie! Sie sehen so sensationell durchschnittlich aus! Und wir wissen, meine Damen und Herren, hinter jedem sensationell durchschnittlichen Gesicht, verbirgt sich eine sensationell durchschnittliche Story! Jetzt mal einen kleinen Applaus für die junge Dame hier!
(zerrt sie dabei auf die Bühne und hält ihr das Mikrofon unter die Nase)

Lochbichler: Naa, i mog des ned!

Moderator: Jetzt sind Sie schon mal hier, dann bleiben Sie auch hier. Kommen Sie, stellen Sie sich doch erst mal vor! Wie heißen Sie?

Lochbichler: Lochbichler Maria.

Moderator: Ja, sehr interessant. Und was möchten Sie unserem Publikum heute hier im Saal und zuhause an den Bildschirmen nun Interessantes erzählen?

Lochbichler: Ja, ich könnt schon was erzähln.

Moderator: Ja, dann kommen Sie, machen Sie!

Lochbichler: Ich hau mein Mann!

Moderator: *(begeistert)* Ja Wahnsinn, meine Damen und Herren, ich hab's gespürt, geahnt, gefühlt! Wahnsinn! Und, warum schlagen Sie ihren Mann?

Lochbichler: Weil's Spass macht.

Moderator: *(äfft den Dialekt nach)* Weil's Schpoass moacht! Ist das nicht irre?! Und wie oft schlagen Sie Ihren Mann?!

Lochbichler: Zwoa Mal. In da Früah und auf dNacht.

Moderator: Zweimal?! Dann können Sie das Ganze hier ja plastisch demonstrieren, oder?!

Lochbichler: Naa, naa, i mog da nix plastisch demonstriern von mein Mann ...

Moderator: (unterbricht) Ja, aber Sie könnten doch hier und heute...

Lochbichler: Aber i könnt was erzähln von unsere Freind.

Moderator: (zögert) Ja gut, kommen Sie, machen Sie.

Lochbichler: Also unsere Freind, de habn ma kennen glernt bei Latex-Leder-Freunde e.V. und von denen könnt i Eahna was erzähln...

Moderator: Ja, kommen Sie, machen Sie! Je weniger Sie zu erzählen haben, desto mehr holen wir aus Ihnen heraus. Uns ist nichts zu blöd, wir senden alles: Ihr Auftritt! (geht Beifall heischend ab)

Lochbichler: (singt jeweils die Strophe, der Refrain wird vom Moderator gesungen)

Le-der-kom-bi nei. Geh, peitsch mi, geh, peitsch mi, i bin Wachs in dei-ne

Händ! So tönt es je-de Nacht dur-ch'n Hu-ber sei-ne Wänd.

1. Da Huber Peter und sei Wei' wohnen jetzt in Perlach drauß'.
   Sie fühln sich da sehr wohl im Hundertzwanz'g-Parteien-Haus.
   Zwar hört ma jeden Schoaß durch die Pappadecklwänd,
   aber mit der Zeit, da werd ma alles gwöhnt.
   Nur was die Nachbarn nächtens tun,
   lasst die Hubers gar ned ruhn.

   (gesprochen)
   Und das hört sich folgendermaßen an:

   (Der Moderator jetzt in der Rolle des Sklaven, kommt mit Motorradlederhaube, Reitgerte und Stuhl auf die Bühne, gibt der Kandidatin die Gerte in die Hand und kniet sich erwartungsfroh auf den Stuhl.)

   Geh, peitsch mi, geh, peitsch mi,
   lass mi dei Sklave sei!
   i zwäng mi a für di in mein Lederkombi nei.
   Geh, peitsch mi, geh, peitsch mi,
   i bin Wachs in deine Händ!
   So tönt es jede Nacht durch'n Huber seine Wänd.

   Geh, peitsch mi!

Moderator: Ja, komm, gib's mir! Ich war böse.

Lochbichler: Du wirst es schon noch erwarten können!

Moderator: Ja, Herrin *(verharrt während der zweiten Strophe wieder kniend auf dem Stuhl)*

2. Die Hubers hätten sich scho lang darüber gern beschwert,
   doch die Wohnung nebenan dem Hausmeister gehört
   und diesen Stiagnhaus-Django, der jeden schikaniert,
   den will man nicht zum Feind, auch wenn man explodiert.
   Am Tag der Rambo, auf d'Nacht ganz klein,
   da hört man den Hausmeister schrein:

Geh, peitsch mi, geh, peitsch mi,
lass mi dei Sklave sei,
i zwäng mi a für di in mein Lederkombi nei.
Geh, peitsch mi, geh, peitsch mi,
geh peitsch mi ohne End.
So tönt es jede Nacht durch'n Huber seine Wänd.

Lochbichler: So, jetzt komm mal her zu mir! *(Er steht auf und kommt der Herrin entgegen)* Auf die Knie! So is' schön! Und her zu mir, hopp, hopp!! *(Er hüpft auf den Knien in Richtung Herrin)* Und jetzt lecken! *(Sie streckt ihm dabei den Handrücken entgegen, den er brav ableckt.)* Und jetzt wieder sitz! *(schlägt dabei mit der Gerte auf den Stuhl, er nimmt wieder die alte Position ein)*

Moderator: Ja, Meisterin! *(stöhnt)*

3. In einer ruhelosen Nacht sagt der Huber zu sein'm Wei',
   weil bei uns zwoa gar nix mehr lauft, werd es am besten sei,
   mia fahrn morgn zum Erotikshop und gwandn uns neu ei.
   Wirst sehng, na werd unser Ehelebn wia vor der Hochzeit sei.
   Und durch den Hausmeister animiert
   werd des glei ausprobiert.

   (gesprochen)
   Und seither hört man auch den Huber jede Nacht schreien:
   (Sie schlägt mit der Gerte auf den Stuhl, woraufhin er Männchen macht.)

   Geh, peitsch mi, geh, peitsch mi,
   lass mi dei Sklave sei,
   i zwäng mi a für di in mein Lederkombi nei.
   Geh, peitsch mi, geh, peitsch mi,
   auch wenn der Arsch mir brennt.
   So tönt es jede Nacht durch'n Huber seine Wänd.

   (Zum Schluss steckt sie ihm die Gerte zwischen die Zähne; er verharrt mit erhobenen Händen aufrecht kniend auf dem Stuhl)

Anmerkung:
Ein Klassiker der Couplet-AG, in dem nicht nur kleinbürgerliche Vorstellungen von Sado-Maso-Praktiken karikiert werden, sondern auch das tabulose Outing in den Fernseh-Talkshows der 1980er Jahre. Der Begriff des „Fremdschämens" war zu dieser Zeit noch nicht erfunden.

Manta Willi

Vor-/Zwischenspiel

1. Mei Boy-friend is a Rie-sen-typ, des sag i eich scho glei, er fahrt an Man-ta G - S - I und liest auch gern Karl May. Er ist ein ech-tes Coun-try-Kind, tragt Gwand nur von La - coste. Sein Au-to glänzt im Son-nen-schein, kein Trumm is da ver - rost. Ma kennt uns al - le zwoa scho glei an dem Mo - tor! Man-ta Wil - li, Man-ta Wil - li, mei i fahr so auf di ab. Man-ta Wil - li, Man-ta Wil - li, ja du bringst mei Herz auf Trab. Und am Sonn-tag wennst durchs Dorf fahrst, dass a je - der dep-pert schaut, Man-ta Wil-li, Man-ta Wil - li, dann bin i dei Man-ta - Braut.

Manta Willi

1. Mei Boyfriend is a Riesentyp, des sag i eich scho glei,
   er fahrt an Manta GSI und liest auch gern Karl May.
   Er ist ein echtes Country-Kind, tragt Gwand nur von Lacoste.
   Sein Auto glänzt im Sonnenschein, kein Trumm is da verrost.
   Ma kennt uns alle zwoa
   scho glei an dem Motor!

   Manta Willi, Manta Willi, mei i fahr so auf di ab.
   Manta Willi, Manta Willi, ja du bringst mei Herz auf Trab.
   Und am Sonntag wennst durchs Dorf fahrst, dass a jeder deppert schaut,
   Manta Willi, Manta Willi, dann bin i dei Manta-Braut.

2. Mei Willi is stets braungebrannt und hat a Topfigur,
   fahrt täglich nei ins Happy-Fit zu einer Bodykur.
   Er arbat drin beim Tengelmann und managt do de Kass,
   er hat scho wirklich echt was drauf, er is halt erste Klass.
   Ma kennt uns alle zwoa,
   scho glei an dem Motor!

   Manta Willi, Manta Willi, mei i fahr so auf di ab.
   Manta Willi, Manta Willi, ja du bringst mei Herz auf Trab.
   Und am Sonntag wennst durchs Dorf fahrst, dass a jeder deppert schaut,
   Manta Willi, Manta Willi, dann bin i dei Manta-Braut.

3. Wenn mia zwoa oamoi heiratn, dann is des heit scho klar,
   dass i mit unserm GSI zum Pfarrer dann hifahr.
   De Hochzeitsreis nach Zell am See, des is scho fest gebongt,
   werd gmacht mit unserm GSI, nix anders in Frage kommt.
   Denn ma kennt uns alle zwoa,
   scho glei an dem Motor!

   Manta Willi, Manta Willi, mei i fahr so auf di ab.
   Manta Willi, Manta Willi, ja du bringst mei Herz auf Trab.
   Und am Sonntag wennst durchs Dorf fahrst, dass a jeder deppert schaut,
   Manta Willi, Manta Willi, dann bin i dei Manta-Braut.

Anmerkung:
In den 1980er- und 1990er-Jahren war der Opel Manta das Kultobjekt von Tuningfreunden sowie Synonym für sportlich „frisierte" Fahrzeuge. Erst mit dem Fuchsschwanz an der Antenne, dem Sixpack auf dem Rücksitz und der blonden Friseuse auf dem Beifahrersitz war die Mantafahrer-Welt vollkommen. Der Film „Manta, Manta" (1991) mit Til Schweiger in der Hauptrolle etablierte diesen Manta-Mythos zusammen mit unzähligen Mantafahrer- und Blondinenwitzen.

Turnschuhschweiß-Erotik

1. Grüß Gott, ich bin die Holz-ap-fel El - frie - de in mein'm Lebn war

ich noch nie fri - gi - de. A-ber in-stink-tiv da hab ich längst schon gspürt,

wenn aus dem Dorf mi oa-na hat ver - führt, dass der Ge - ruch von

Sau-stall und von Gül-le nicht reicht zur Stei-ge-rung se-xu-el-ler G'füh-le.

Erst seit i un - ser Sport-heim sau-ber mach, woaß i, was mi

rich-tig hoaß erst macht. Ich spür E - ro-tik pur, er-leb E - ro-tik nur,

beim In-ha - liern ver - schwitz-ter Turn-schuah. Denn schon ein zar-ter Hauch

von dem A - ro - ma ver-setzt mich in ein se-xu-el-les Ko - ma.

Da-zu a Pri-se Kör-per-schweiß und so - fort ich 's Gwand vom Leib mir reiß'. Doch den Gip-fel ech-ter Lei-den - schaft nur ein ver - schwitz-ter Turn-schuh schafft. 2. I brauch koan Le-der - trach-ten-Fe-ti - schist, auch wenn er Ha-ferl - schuh-schweiß-trä-ger ist. Denn se-xu-ell da komm ich nur auf Tou-ren, ver-strömt ein Mann erst Turn-schuh-fuß-schweiß - spu-ren. Ich schnüf-fel furcht-bar gern an Schuh von A-di - das, denn de schme-ckan näm-lich bson-ders rass. Die Sin-nes - welt aus Turn-schuh - schweiß macht selbst die ab-ge - stumpf-te Frau ganz heiß. Ich spür E - ro-tik pur, er-leb E - ro-tik nur, beim In-ha - liern ver - schwitz-ter Turn-schuah.

Denn schon ein zar-ter Hauch von dem A - ro-ma ver-setzt mich in ein

se-xu-el-les Ko-ma. Da-zu a Pri - se Kör-per - schweiß und so -

fort ich 's Gwand vom Leib mir reiß'. Willst se-xu - ell du glück-lich sein,

ziag dir a Na - sn Fuß-schweiß rein. 3. Bei der näch-sten Fern-seh -

show von "Wet-ten dass..." bin ich da-bei, geh rat'n S' a-moi mit was.

's Er - ken-nen von Ex - trem-schweiß-kom-po - nen-ten bei fünf-a-zwanzg ver -

schie-dnen Pro-mi - nen-ten. Koa-na schwoa-ßelt wia da Bo-ris Be-cker, dem sei

Schweiß-drü-sen-se - kret schmeckt wirk-lich le-cker. Und beim Gott-schalk,

da is eh ganz leicht, dem sei Turn-schuh - schweiß ist un-er - reicht.

1. Grüß Gott, ich bin die Holzapfel Elfriede.
   In mein'm Lebn war ich noch nie frigide.
   Aber instinktiv da hab ich längst schon gspürt,
   wenn aus dem Dorf mi oana hat verführt,
   dass der Geruch von Saustall und von Gülle
   nicht reicht zur Steigerung sexueller Gfühle.
   Erst seit i unser Sportheim sauber mach,
   woaß i, was mi richtig hoaß erst macht.

   Ich spür Erotik pur, erleb Erotik nur,
   beim Inhaliern verschwitzter Turnschuah.
   Denn schon ein zarter Hauch von dem Aroma
   versetzt mich in ein sexuelles Koma.
   Dazu a Prise Körperschweiß
   und sofort ich 's Gwand vom Leib mir reiß'.
   Doch den Gipfel echter Leidenschaft
   nur ein verschwitzter Turnschuh schafft.

2. I brauch koan Ledertrachten-Fetischist,
   auch wenn er Haferlschuhschweißträger ist.
   Denn sexuell da komm ich nur auf Touren,
   verströmt ein Mann erst Turnschuhfußschweißspuren.
   Ich schnüffel furchtbar gern an Schuh von Adidas,
   denn de schmeckan nämlich bsonders rass.
   Die Sinneswelt aus Turnschuhschweiß
   macht selbst die abgestumpfte Frau ganz heiß.

   Ich spür Erotik pur, erleb Erotik nur,
   beim Inhaliern verschwitzter Turnschuah.
   Denn schon ein zarter Hauch von dem Aroma
   versetzt mich in ein sexuelles Koma.
   Dazu a Prise Körperschweiß
   und sofort ich 's Gwand vom Leib mir reiß'.
   Willst sexuell du glücklich sein,
   ziag dir a Nasn Fußschweiß rein.

3. Bei der nächsten Fernsehshow von „Wetten dass …"
   bin ich dabei, geh rat'n S' amoi mit was.
   's Erkennen von Extremschweißkomponenten
   bei fünfazwanzg verschiednen Prominenten.
   Koana schwoaßelt wia da Boris Becker,
   dem sei Schweißdrüsensekret schmeckt wirklich lecker.
   Und beim Gottschalk, da is eh ganz leicht,
   dem sei Turnschuhschweiß ist unerreicht.

   Ich spür Erotik pur, erleb Erotik nur,
   beim Inhaliern verschwitzter Turnschuah.
   Denn schon ein zarter Hauch von dem Aroma
   versetzt mich in ein sexuelles Koma.
   Dazu a Prise Körperschweiß
   und sofort ich 's Gwand vom Leib mir reiß'.
   Doch den Gipfel echter Leidenschaft
   nur ein verschwitzter Turnschuh schafft.

In den Niederungen
der Politik

Oh CSU, ...

... von der wir alles haben!

Land der Berge

1. (V) Land der Ber - ge, die den Ho - ri - zont be - gren - zen (A) vom Watz - mann bis zum Och - sen - kopf.

2. (V) Land am Do - nau - Stro - me und am schwar - zen Ein - fluss, (A) der durch dun - kle Ka - nä - le fließt.

3. (V) Land der Ä - cker, ü - ber - düngt o - der still - ge - legt (A) wie un - se - re Mi - nis - ter.

4. (V) Land der Kir - chen, ka - tho - li - scher Po - li - ti - ker (A) und li - nien - treu - er Bi - schö - fe.

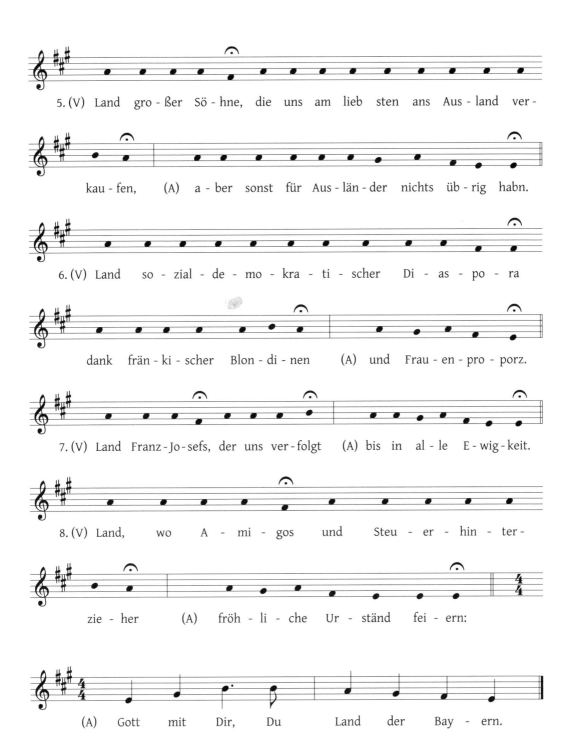

5. (V) Land gro - ßer Sö - hne, die uns am lieb - sten ans Aus - land ver -

kau - fen,   (A) a - ber sonst für Aus - län - der nichts üb - rig habn.

6. (V) Land so - zial - de - mo - kra - ti - scher Di - as - po - ra

dank frän - ki - scher Blon - di - nen   (A) und Frau - en - pro - porz.

7. (V) Land Franz - Jo - sefs, der uns ver - folgt (A) bis in al - le E - wig - keit.

8. (V) Land, wo A - mi - gos und Steu - er - hin - ter -

zie - her   (A) fröh - li - che Ur - ständ fei - ern:

(A) Gott mit Dir, Du Land der Bay - ern.

(V)Land der Berge, die den Horizont begrenzen
(A) vom Watzmann bis zum Ochsenkopf.

(V)Land am Donau-Strome und am schwarzen Einfluss,
(A) der durch dunkle Kanäle fließt.

(V)Land der Äcker, überdüngt oder stillgelegt
(A) wie unsere Minister.

(V)Land der Kirchen, katholischer Politiker
(A) und linientreuer Bischöfe.

(V)Land großer Söhne, die uns am liebsten ans Ausland verkaufen,
(A) aber sonst für Ausländer nichts übrig habn.

(V)Land sozialdemokratischer Diaspora dank fränkischer Blondinen
(A) und Frauenproporz.

(V)Land Franz-Josefs, der uns verfolgt
(A) bis in alle Ewigkeit.

(V)Land, wo Amigos und Steuerhinterzieher
(A) fröhliche Urständ feiern:

Gott mit Dir, Du Land der Bayern.

Gott mit dir, du Land der Bayern

Anmerkung:
Betrachtet man das Entstehungsdatum des Liedes (1995) und die aktuelle Situation in Bayern, dann kann man feststellen, dass sich im Freistaat seitdem nicht viel verändert hat.

Bayerische Verdienstorden

1. Bei of-fi-ziell'n Ge-le-gen-hei-ten siehgst as scho von al-ler-wei-ten: die de-ko-rier-ten Wür-den-trä-ger, im Lebn oft lin-ke Sä-ger. Ob im Staats-dienst o-der Hee-re, der Ver-dienst-or-den ka-schiert im Hirn die Lee-re. Denn erst das Kreu-zl auf der Brust macht an Men-schen selbst-be-wusst. Wer wui no oan, wer hat no koan, wer fühlt sich da-zu aus-er-kor'n? Und wähl-en Sie noch C-S-U, dann kriang S'n so-wie-so. Habn Sie no koan, wolln S' aa no oan, Sie schaun so leer, Sie

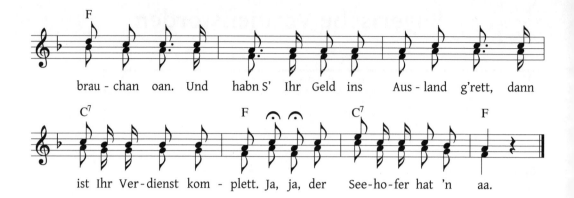

brau - chan oan. Und habn S' Ihr Geld ins Aus - land g'rett, dann

ist Ihr Ver - dienst kom - plett. Ja, ja, der See-ho-fer hat 'n aa.

1. Bei offiziell'n Gelegenheiten
   siehgst as scho von allerweiten:
   die dekorierten Würdenträger,
   im Lebn oft linke Säger.
   Ob im Staatsdienst oder Heere,
   der Verdienstorden kaschiert im Hirn die Leere.
   Denn erst das Kreuzl auf da Brust
   macht an Menschen selbstbewusst.

   Wer wui no oan, wer hat no koan,
   wer fühlt sich dazu auserkor'n?
   Und wählen Sie noch CSU,
   dann kriang S'n sowieso.
   Haben Sie no koan, wolln S' aa no oan,
   Sie schaun so leer, Sie brauchan oan!
   Und habn S' Ihr Geld ins Ausland g'rett,
   dann ist Ihr Verdienst komplett.
   Ja, ja, da Seehofer hat'n aa.

2. Jeder Schlagerheini hat'n scho,
   beim Ralph Siegel hängt er am Bluserl dro.
   Selbst der Heimatdichter Zöpfl
   trägt'n an seim Hirschhornknöpfl.
   Bei der Gloria und der Hohlmeierin
   liegt er sauber putzt im Schachterl drin.
   Ferres, Ratzinger, Uschi Glas,
   nur mit Verdienst wird's sicher was.

Wer wui no oan, wer hat no koan,
wer fühlt sich dazu auserkor'n?
Und spenden Sie für die Landesbank,
dann kriang S'n sowieso.
Habn Sie no koan, wolln S' aa no oan,
Sie schaun so leer, Sie brauchan oan!
Und habn S' Ihr Geld ins Ausland g'rett,
dann ist Ihr Verdienst komplett.
Ja, ja, da Ude möcht'n aa.

3. Wia waars mit oam für d'Renate Schmidt,
die als Schmerzensmutter schon so viel litt?
Oder liaba fürn Markus Söder,
unsern fränkischen Kleinhirnvertreter?
Oder fürn Michael und sei Marianne
als Botschafter der Jodelkarawane?
Putin, Schröder, Jakob Roider,
Jacob Sisters, Edmund Stoiber?

Wer wui no oan, wer hat no koan,
wer fühlt sich dazu auserkor'n?
Und kauft Ihr Frau bei Bofrost ei,
dann kriang S'n sowieso.
Haben Sie no koan, wolln S' aa no oan,
Sie schaun so leer, Sie brauchan oan!
Und habn S' Ihr Geld ins Ausland g'rett,
dann ist Ihr Verdienst komplett.
Ja, ja, in Stadelheim, da findst'n aa.

Anmerkung:
Bei den Aufführungen wird jeweils die dritte Zeile im Refrain durch tagesaktuelle Inhalte
ersetzt.
Selbstverständlich wird den Zuschauern der feierliche Akt der Ordensüberreichung nicht
vorenthalten. Zu Beginn eines jeden Refrains wird einer Person im Publikum ein Orden an-
geheftet. Diese werden nach Ende des Couplets mit dem Hinweis: „Das war keine Ordensver-
schenkung, sondern eine Ordensverleihung!" wieder abgenommen.
Der Bayerische Verdienstorden wird seit 1957 alljährlich verliehen und ist der zweithöchste
Orden des Freistaates Bayern. Die Vorschläge für neue Ordensträger werden vom Ordens-
beirat, bestehend aus dem Landtagspräsidenten und dem Stellvertreter des Ministerpräsidenten, gesammelt und dem bayerischen Ministerpräsidenten vorgelegt, der dann ent-
scheidet, wer die Auszeichnung letztlich erhalten soll. Eine konkrete Begründung für eine
Ordensverleihung wird übrigens nicht angegeben.

Oh CSU, von der wir alles haben

Hei - li - ge Wolf - sin - dis, bitt für uns.

Hei - li - ge Mut - ter - got - tes von Schmer - ler - bach, bitt für uns.

The - o Wai - gel, ver - scho - ne uns, o Herr.

Hei - li - ge Re - sl von Kon - ners - reuth, bitt für uns.

Hei - li - ger Er - win von Reis - bach, bitt für uns.

Hei - li - ger Ed - mund, bitt für uns.

Hei - li - ger Franz Jo - sef, bitt für uns.

Wia d'C - S - U Bay - ern hat er - schaf - fen, die

Ber - ge, Tracht - ler, Feu - er - wehr und Pfaf - fen, da habns

Gott sei Dank alls christ - so - zial ver - netzt und selbst - ver -

ständ - lich al - le Äm - ter sel - ber bsetzt. Und dass mia

stets vom Heil' - gen Geist ge - führt habns uns mit'm

C - S - U - Gen ma - ni - pu - liert. Oh C - S - U, von der wir al - les

ha - ben, wir prei - sen dich für dei - ne gu - ten Ga - ben, fürn Beck - stein,

Wies - heu, Stoi - ber und das Bier, oh C - S - U, wir dan - ken dir.

Dass uns - re Mad - ln und Buam so frisch san bei - nand

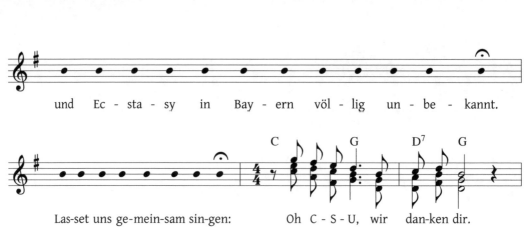

und Ec - sta - sy in Bay - ern völ - lig un - be - kannt.

Las-set uns ge-mein-sam sin-gen: Oh C - S - U, wir dan-ken dir.

Des war jetzt aber gar nix. Las-set uns noch ein-mal ge-mein-sam sin-gen,

dies-mal a - ber al - le: Oh C - S - U, wir dan-ken dir.

Dass du de Land-wirt tust Sub-ven-tio-nen gön-nen, dass sie auch wei-ter-hin

Mer-ce-des fah-ren kön-nen. Oh C - S - U, wir dan-ken dir.

Dass du uns gschenkt as Bier-zelt und den Do-nau-Aus-bau, den De - fi-lier-marsch,

die Schlös-ser und den Bra-ten von der Sau. Oh C - S - U, wir dan-ken dir.

Dass du uns die Bier-gar-ten-Ge-müt-lich-keit be-wahrst und den Aus-län-dern

die deut-sche Staats-bür-ger-schaft er-sparst. Oh C-S-U, wir dan-ken dir.

Und vor der eu-ro-pä-i-schen Ge-

fahr, du uns be-schüt-ze und uns be-wahr. Du uns-res

Lan-des weiß-blau-e Zier, was wä-ren wir nur oh-ne

dir. Und gäb's nur Dep-pen bei der C-S-U wir wähln auch

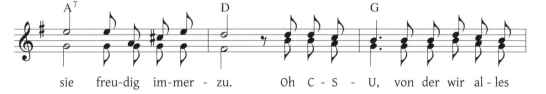

sie freu-dig im-mer-zu. Oh C-S-U, von der wir al-les

ha-ben, wir prei-sen dich für dei-ne gu-ten Ga-ben. Wir ver-

spre-chen mit Sie-gel und mit Brief, mia bleibn auf e-wig kon-ser-va-tiv.

Litanei (zum Einzug)

Heilige Wolfsindis, bitt für uns.
Heilige Muttergottes von Schmerlerbach, bitt für uns.
Theo Waigel, verschone uns, o Herr.
Heilige Resl von Konnersreuth, bitt für uns.
Heiliger Erwin von Reisbach, bitt für uns.
Heiliger Edmund, bitt für uns.
Heiliger Franz Josef, bitt für uns.

1. Wia d'CSU Bayern hat erschaffen,
   die Berge, Trachtler, Feuerwehr und Pfaffen,
   da habns Gott sei Dank alls christsozial vernetzt
   und selbstverständlich alle Ämter selber bsetzt.
   Und dass mia stets vom Heil'gen Geist geführt
   habns uns mit'm CSU-Gen manipuliert.
   Oh CSU, von der wir alles haben,
   wir preisen dich für deine guten Gaben,
   fürn Beckstein, Wiesheu, Stoiber und das Bier,
   oh CSU, wir danken dir.

Lobpreisungen

Dass unsre Madln und Buam so frisch san beinand
und Ecstasy in Bayern völlig unbekannt.
Lasset uns gemeinsam singen:
Oh CSU, wir danken dir.

Des war jetzt aber gar nix.
Lasset uns noch einmal gemeinsam singen, diesmal aber alle:
Oh CSU, wir danken dir.

Dass du de Landwirt tust Subventionen gönnen,
dass sie auch weiterhin Mercedes fahren können.
Oh CSU, wir danken dir.

Dass du uns gschenkt as Bierzelt und den Donau-Ausbau,
den Defiliermarsch, die Schlösser und den Braten von der Sau.
Oh CSU, wir danken dir.

Dass du uns die Biergarten-Gemütlichkeit bewahrst
und den Ausländern die deutsche Staatsbürgerschaft ersparst.
Oh CSU, wir danken dir.

2. Und vor der europäischen Gefahr,
   du uns beschütze und uns bewahr.
   Du unsres Landes weiß-blaue Zier,
   was wären wir nur ohne dir.
   Und gäb's nur Deppen bei der CSU
   wir wähln auch sie freudig immerzu.
   Oh CSU, von der wir alles haben,
   wir preisen dich für deine guten Gaben.
   Wir versprechen mit Siegel und mit Brief,
   mia bleibn auf ewig konservativ.

Oh CSU, wir danken dir!

Anmerkung:
Lobgesang und Danklitanei für die CSU aus dem Jahr 1997 – der Text ist leider immer noch aktuell.
Bei der Aufführung wird wird hinter einer CSU-Prozessionsfahne mit andächtigem Bitt-gesang eingezogen.
– Theo Waigel: ehemaliger Bundesfinanzminister und Namensgeber für den „Euro"
– Erwin (Huber): Reisbacher Lokalheiliger und ehemaliger bayerischer Finanzminister
– Edmund (Stoiber): Wolfratshauser Scheinheiliger
– Franz Josef (Strauß): Gottvater der CSU
– Günter Beckstein: ehemaliger evangelischer Schutzpatron der Franken
– Otto Wiesheu: Wiedergänger der CSU

Der Kandidat

Der Bürgermeister einer niederbayerischen Landgemeinde erwartet aufgeregt den Wahlkampfauftritt des lokalen Landtagskandidaten und beginnt – nachdem ein voller Maßkrug zum Rednerpult gebracht wurde – mit der Begrüßung des Ehrengastes. Der Abgeordnete und seine Gattin nähern sich derweil dem Rednerpult. Sie hält ein Redemanuskript in der Hand.

Bgm: Meine sehr geehrten Damen und Herren, es ist mir eine große Freude und ein Vergnügen, jetzt unseren Landtagsabgeordneten hier bei uns begrüßen zu dürfen! Er ist ja nicht nur unser Direktkandidat, er ist auch Mitglied in 17 Vereinen …

Sie: *(von hinten)* In 19 Vereinen!

Bgm: in über 17 Vereinen …

Sie: *(von hinten)* 19

Bgm: Sag i doch! Und obwohl er auch der Vorstand vom Trachtenverein ist, hat er sich trotzdem die Zeit genommen, jetzt hier mit ihnen zu reden! Begrüßen und empfangen Sie jetzt mit mir unseren Landtagsabgeordneten, an Gustl Wagner mit seiner Frau Gemahlin Natascha!

(Beide kommen, er sichtlich angetrunken)

Er: *(beleidigt)* Geh, jetzt sag's ihnen, das sie's alle hörn da herinnen. Komm! Schließlich hab ich dich deswegen aa mitgnommen!

Sie: Ja, i mach ja schon.

Er: Fang o!

Sie: *(entfaltet einen Zettel und liest)* Also … Liebe Freunde, liebe Wähler!
Was diese Zeitungsschmierer und intrigante Parteifreunde in den letzten Wochen über meinen Mann, unseren hochgeachteten Abgeordneten und Trachtenvereinsvorstand verbreitet haben, entbehrt jeglicher Grundlage!

Er: *(schreit)* Es ist nicht wahr!

Sie: Ja! Es ist nicht wahr, dass mein Mann den Freund seiner Geliebten …

Er: Ich hab überhaupt gar keine Geliebte!

Sie: Er hat überhaupt gar keine Geliebte!

Er: Jedenfalls nicht da herinnen, hähähähä!

Sie: *(liest weiter)* auf offener Strasse zusammengeschlagen hat und es stimmt auch nicht, dass er die Richter als korruptes und meineidiges Gesindel beschimpft hat.

Er: Obwohl es stimmt!

Sie: Obwohl es stimmen täte! *(liest weiter)* Ebenso wenig hat er auf der Deggendorfer Autobahn einen Rentner durch Überholen ausgebremst und mit Arschloch, Stadtbrunzer und „Ich schlag dich über d'Leitplankn, du oida Depp" beschimpft.

Er: Alles Lüge!

Sie: Weiterhin hat mein Mann auch nicht nach dem Trachtenfest mit den jungen Trachtlerinnen im Löschweiher nackt gebadet und diese dabei unsittlich berührt.

Er: Des war höchstens der rote Bürgermeister!

Sie: Des war dieser rote Bürgermeister!

Er: (schiebt seine Frau weg) Jetzt geh mal auf d'Seiten! Liebe Freunde, wer hat sich denn für Euch draußen am Wahlkampfstand den Arsch abgfr ... äh sich abgefroren? Ha?! Wer war es?! *(redet sich in Rage)* Und wer hat sich am Unsinnigen Donnerstag beim Frauenbundfasching von der Vorsitzenden in den Schritt greifen lassen? Ha?! Wer war's denn?! Und wer hat so nett euren Kindern Schulurkunden überreicht, obwohls vor lauter Blödheit ned amoi den Weg zum Schulbus finden? Ha?! Wer war's denn?! Und wer hat für eich Mannerleut gegen des unnötige Frauenhaus und gegen diese Feministinnen gekämpft?! Weil a jeder weiß, dass mia unsere Weiber ned schlagn, und wenn mas schlagn, dann brauchan sie's! Ha?! Wer war's denn?! Liebe Freunde, es ist an der Zeit, mir die Hand zu reichen und mir zu danken für all das, was ich für euch getan habe!

Bgm: Jawohl!

Er: Ich weiß es gibt Bessere!

Bgm: Jawohl!

Sie: Aber nicht da herinnen!

Er: Ich bin vielleicht blöd!

Bgm: Jawohl!

Er: Aber ich kenn den Seehofer persönlich und ich weiß a paar Sachen über ihn ...

Sie: Und der Seehofer ist nämlich auch nicht blöd!

Er: Und wenn sogar der Seehofer mich braucht, müßt's doch ihr spürn, wie sehr ihr mich brauchts!

1. Seit Jah-ren sauf i jet-zad schon fürn Hor-sti sei-ne Christ-un-ion, bei je-dem klei-nen Gar-ten-fest mach ich für ihn den Frei-bier-Test. I zapf jeds Fas-sl im Stimm-kreis o und schluck fürs Volk so - vui i ko! *Und jetzt könnts euch endlich revanchieren!* Ja, mia san mia, mia ghörn doch zsamm,

weil ma ech - te Bay - ern san, ich schenk Ver - trau - en,

ihr die Stimm, dass i wie - der in Land - tag ei - ni kimm.

letzter Refrain:

Ja, mia san mia, mia ghörn doch zsamm, weil ma ech - te Bay-ern san, machts

eu - er G'wis - sen rein und frei und wählts mi in Land - tag nei!

1. Seit Jahren sauf i jetzad schon
   fürn Horsti seine Christunion,
   bei jedem kleinen Gartenfest
   mach ich für ihn den Freibier-Test.
   I zapf jeds Fassl im Stimmkreis o
   und schluck fürs Volk sovui i ko.

   Und jetzt könnts euch endlich revanchieren!

   Ja, mia san mia, mia ghörn doch zsamm,
   weil ma echte Bayern san,
   ich schenk Vertrauen, ihr die Stimm,
   dass i wieder in Landtag eini kimm.

2. Schauts'n euch mal richtig o,
   da steht mei leberkranker Mo.
   Es kost euch doch a Kreuzl bloß,
   sonst is er morgen arbeitslos.
   I hab nix glernt und er kann nix,
   da bleibt doch nur a Landtagssitz.

Ja, mia san mia, mia ghörn doch zsamm,
weil ma alle Bayern san,
jetzt seids doch nicht so zögerlich,
sonst schickt er mich noch auf den Strich.

3. Überall wird ganz groß gspendt,
   obwohl ma d'Leut doch gar ned kennt:
   für d'Sachsen und Misereor,
   für jeden kleinen Heidenmohr.
   Auch wenn in der Donau schwimmt a Haus,
   ziaghts mitleidsvoll an Geldschein raus.

   Und a so a Kreuzl kost' Euch doch rein gar nichts!

   Ja, mia san mia, mia ghörn doch zsamm,
   weil ma echte Bayern san,
   für d' Heimat und für die Region,
   für euch kriag i doch mei Pension.

   Ja, mia san mia, mia ghörn doch zsamm,
   weil ma echte Bayern san,
   machts euer Gewissen rein und frei
   und wählts mi in Landtag nei.

Schön ist's in der CSU

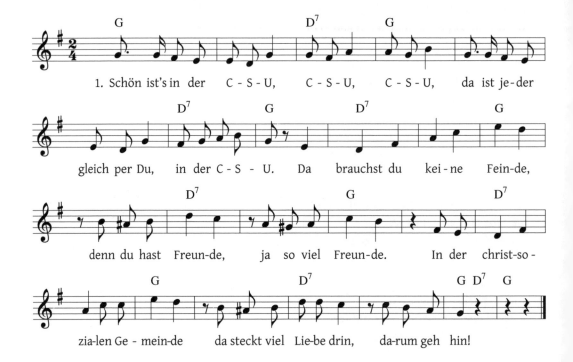

1. Schön ist's in der C-S-U, C-S-U, C-S-U, da ist je-der gleich per Du, in der C-S-U. Da brauchst du kei-ne Fein-de, denn du hast Freun-de, ja so viel Freun-de. In der christ-so-zia-len Ge-mein-de da steckt viel Lie-be drin, da-rum geh hin!

1. Schön ist's in der CSU, CSU, CSU,
   da ist jeder gleich per Du, in der CSU.
   Da brauchst du keine Feinde,
   denn du hast Freunde,
   ja so viel Freunde.
   In der christsozialen Gemeinde
   da steckt viel Liebe drin,
   darum geh hin!

2. Auch für Frauen ist dort Platz, ist dort Platz, ist dort Platz,
   wenn sie ist ein lieber Schatz, ist ein lieber Schatz.
   Denn auch für Minderheiten
   habns an Platz an gscheiten,
   echt zum Beneiden.
   Die frauenfreundlichste aller Parteien
   ist doch die CSU,
   drum komm auch du!

3. Suchst du Kontakt zur Unterwelt, Unterwelt, Unterwelt,
   und du brauchst a bissl Geld, nur a bisserl Geld?
   Dann werde du auch Mitglied,
   denn als „Zwick"glied
   merkst gleich den Unterschied.
   Und du kriagst dann recht schnell mit,
   dass eine Mitgliedschaft
   Kontakte schafft.

4. Jeder Bürger ist zwar gleich, ist zwar gleich, ist zwar gleich,
   doch is des ned für alle gleich, ned für alle gleich.
   Drum willst du gleicher werden
   beim Finanzamt,
   bei den Behörden,
   dann musst du Mitglied werden.
   Da wirds gleich leichter gehen,
   du wirst schon sehn.

Anmerkungen:
– Frauen: politische Minderheitengruppierung innerhalb der CSU
– Eduard Zwick: niederbayerischer Bäderkönig und besonderer Vertrauter von
  F. J. Strauß, dem 1990 durch eine Zahlung von 8,3 Millionen DM Steuerschulden in Höhe
  von 71 Millionen DM erlassen wurden, nachdem er zuvor ins Ausland geflohen war.

Seniorenheim-Wahl

Ein idyllisches Seniorenwohnheim, voll von arglosen Menschen, mitten in den bayerischen Landen. In wenigen Wochen steht wieder eine Landtagswahl an, deshalb bemüht sich der örtliche Abgeordnete persönlich um seine Wiederwahl. Auf seiner Tour erreicht er soeben das Altenheim und begibt sich in den dortigen Speisesaal. Hier warten die älteren Herrschaften (das Publikum) bereits mit ihren Briefwahlunterlagen, um diese jetzt unter fachmännischer Anleitung des Herrn Abgeordneten auszufüllen. Die Seniorenheim-Leiterin hat den Abgeordneten gerade in Empfang genommen und steht nun zusammen mit ihm in der Tür zum Speisesaal.

Leiterin: Friedbert, sind die Medikamente und die Wahlbriefe schon verteilt? Friedbert! Wo ist denn der scho wieder? Einen Moment noch, Herr Abgeordneter. *(zum Publikum)* Habts ihr den Friedbert gsehn? Nie ist er da, wenn man ihn braucht! So, Herr Abgeordneter, kommen Sie jetzt bitte rein. Also das ist jetzt unser Speisesaal *(blickt suchend umher).* Ja, ich seh schon, Wahlbriefe und Medikamente – ist alles verteilt!

Abgeordneter: Sie, sagn S' amal, was gebn Sie da so?

Leiterin: Nix besonders. Bloß dass s' a Ruah gebn in da Nacht. Sonst können wir ja überhaupt ned schlafen.

Abgeordneter: Aber hoffentlich wirkt des ned so schnell. Ned, dass ...

Leiterin: *(unterbricht)* Keine Angst Herr Abgeordneter, so lang bleibns schon noch gefügig. Die tauchen erst in einer Stunde ab.

Abgeordneter: Dann is recht. Weil bei so oide Leit woaß ma ja nia, gell! *(Zu einem Insassen)* Grüß Sie Gott! Ich bin der Herr Wallner, Ihr Stimmkreis-Abgeordneter!

Leiterin: *(zum Abgeordneten, beschwichtigend)* Bemühen Sie sich nicht. Der hat grad sein Hörgerät wieder ausgschalt', um Batterien zu sparen. Des is unser Herr von Stachwitz. Den habn ma schon seit 15 Jahren unter unsere Fittiche. Des is a ganz a Zacher. Der hat sogar am letzten Karfreitag die salmonellisierte Forelle überlebt. Der hat an Magen wia a Sau!

Abgeordneter: *(zu Herrn Stachwitz)* Dann wünsch ich weiterhin guten Appetit. *(sucht nun in seinen Sakkotaschen nach Unterlagen und Wahlgeschenken)* Also, mei Mitarbeiterin muss mia doch a bissl Werbematerial ... Ich sag's Ihnen, was ich mit meine Mitarbeiter mitmach – einfach furchtbar!

Leiterin: Erzähln S' ma nix vom Personal! Unser Schwester Rosemarie hat die ganze letzte Woch vergessen, dass sie die Bettpfann von der Frau Kreuzlinger ausleert. Ich sag's Ihnen, in dem Zimmer stinkt's so, da kann man gar nimma nei gehen.

Abgeordneter: *(wehrt ab)* Hauptsache, Sie haben die Wahlbriefe verteilt!

Leiterin: Selbstverständlich!

Abgeordneter: Ich sag's ja: Die Zusammenarbeit zwischen der Caritas und der CSU klappt immer noch am allerbesten.

Leiterin: Herr Abgeordneter, wie wolln Sie's denn jetzt haben? Sollen wir nach dem Abendessen vom Speisesaal in den Aufenthaltsraum rübergehen?

Abgeordneter: Nein, nein, ich muss ja heut noch zu den Gebirgsschützen und zum VdK-Ortsverein. Nein, nein, bleiben wir gleich da herinnen!

Leiterin: Also, meine Herrschaften, habt ihr's ghört?! Tempo, Tempo, Tempo! Der Herr Abgeordnete hat nicht so viel Zeit wie ihr. Also essts a bissl schneller und machts a bissl flott!

Abgeordneter: *(zu den Senioren, freundlich und süß)* Ah, was ich noch sagen wollt: die Kugelschreiber für die nachfolgende Briefwahl stellt selbstverständlich die CSU leihweise zur Verfügung!

aus rei - ner Chris-ten - pflicht, der Par - tei nur ver - pflicht.

1. Grüß Sie Gott beinand, schee, dass Sie Zeit heit hamd,
   hier im Seniorenpark, des find i stark.
   Grüß Sie Gott beinand, schee, dass Sie Zeit heit hamd,
   hier im Seniorenpark, des find i stark.
   Oide Leit, wissen halt gar ned Bscheid.
   Oide Leit, wissen halt gar ned Bscheid.
   's is guad a so, drum san ja mia heit do
   aus reiner Christenpflicht, der Partei nur verpflicht.

2. Wia oft habn S' gedacht, hab i's a richtig gmacht,
   CSU nicht SPD – ich kann Sie versteh.
   Wia oft habn S' gedacht, hab i's a richtig gmacht,
   CSU nicht SPD – ich kann Sie versteh.
   Ihr Problem, lösen wir ganz bequem.
   Ihr Problem, lösen wir ganz bequem.
   Alle mitanand nehman jetzt an Stift in d'Hand,
   da mach ma's Kreizl hi für die Demokratie.

3. Was is los dahint, i glaub der Alte spinnt,
   Kreizl auf Liste eins, sonst machma keins.
   Was is los dahint, i glaub der Alte spinnt,
   Kreizl auf Liste eins, sonst machma keins.
   Merke dir, dein Platz ist nicht sicher hier!
   Merke dir, dein Platz ist nicht sicher hier!
   Jetzt wird schee brav gwählt, sonst wirst du ruhig gestellt.
   Mutig in die Zukunft schaun, auf uns vertraun.

Anmerkung:
Die geschilderte Situation beruht auf einer wahren Begebenheit und war bzw. ist bestimmt
auch kein Einzelfall.

Unser Ferkel, das heißt Merkel

Das Landwirtsehepaar Berta und Josef kommen – beide in eigenwilliger ländlicher Tracht – suchend auf die Bühne.

Berta: *(verärgert)* Schau, da siehgst du es jetzt selber! Ich hab dir doch glei gsagt, dass des ned stimmt ... dass des da (deutet ins Publikum) ned die Versammlung vom Bauernverband ist!

Josef: *(motzt zurück)* Des siehg i selber aa! Aber die Frau vom GPS hat gsagt: „Rechts, dann glei wieder rechts und dann nochmal rechts und dann haben Sie ihr Ziel erreicht."

Berta: Was hast du denn gsagt, wia Du mit der Frau gredt hast?

Josef: Ich hab gsagt : Bauernverband, Zielort: Versammlung. Ich hab mich ja selber gwundert, dass ma da so schnell da is.

Berta: *(erzürnt)* Weil Du einfach a Depp bist! Hättst im Stadtplan nachgschaut, so wia i gsagt hab ...

Josef: Und wo find i da bitte „Bauernverband"? Du woaßt ja immer alles besser. Du bist ja sowieso die Obergscheitste ...

Berta: *(spöttisch)* Mei, wenn halt a Bauer in d'Stadt kommt ...

Josef: *(giftet zurück)* Weil du ja ned vom Land kommst ... Du brauchst Dir Deine eineinhalb Jahr Gymnasium ned allerweil so raushänga lassn. I bin nämlich aa ned auf da Brennsuppn daher gschwomma.

Berta: Naa, du bist mitm Mercedes gfahrn!

Josef: Dann sag halt du, wo wir hin müssen, wennst scho allerweil die Bappn offen hast und so gscheit bist!

Berta: *(triumphierend)* Ja freilich, jetzt soll i wieda alles rausreissn, weil du einfach keine Orientierung hast, Josef!

Josef: Ja genau, Du woaßt alles! Du hast ja a vui mehr Hirn, gell.

Berta: Mehr scho als wia du! Jetzt fragen ma halt mal. *(zum Publikum)* Sie, hallo, geht's da zur Versammlung von Bauernverband? Mir hätten nämlich a dringende Frage ...

Josef: *(weiter in Richtung Publikum)* Ja, mia habn da ein Problem. Vielleicht können Sie uns da weiterhelfen, weil Sie schaun so ländlich aus.

Berta: *(zu ihren Mann)* Du, da täuscht du dich. Schau mal wie die da sitzen. Ich glaub des is eher eine Behinderteneinrichtung da herinnen.

Josef: Mei, fragen kost nix und vielleicht wissen die eine Lösung ...

Berta: *(keift ihn wieder an)* Schuld bist ja du, du hast sie haben müssen!

Josef: Ja, immer ich! Immer ich! Kauft habn ma die Sau miteinander.

Berta: *(spricht zum Publikum, und deutet auf ihn)* Nein, er hat's wollen, weils so an schönen Rüssel hat, und jetzt habn ma den Dreck im Schachterl.

1. Neun-und-zwan-zig Cent für a Schnit-zl von der Sau, da-von

kann kein Land-wirt lebn, nicht mal ich und mei-ne Frau. Doch

in der letz-ten Schwei-ne-post von un-serm Zucht-ver-band schreibns,

dass sie in der U-cker-mark Wun-der-fer-kel habn. Drum

steht jetzt auch ein sol-ches he - rin bei uns im Stall, es

ist zwar pest-und grip-pe-frei, doch hat's an Rie-sen-knall.

Un - ser Fer-kel, das heißt Mer-kel und das

Viech hat ei-nen Spleen. Es sagt: „Ich bin die ech-te, die wah-re Kanz-le-

rin." Sie re - giert jetzt uns - re Vie - cher und spielt Kli - ma -

schutz: Drum lässt sie nur noch stünd-lich schüch-tern ei - nen Pups.

1. Neunundzwanzig Cent für a Schnitzl von der Sau,
   davon kann kein Landwirt lebn, nicht mal ich und meine Frau.
   Doch in der letzten Schweinepost von unserm Zuchtverband
   schreibns, dass sie in der Uckermark Wunderferkel habn.
   Drum steht jetzt auch ein solches herin bei uns im Stall,
   es ist zwar pest- und grippefrei, doch hat's an Riesenknall.

   Unser Ferkel, das heißt Merkel
   und das Viech hat einen Spleen.
   Es sagt: „Ich bin die echte, die wahre Kanzlerin."
   Sie regiert jetzt unsere Viecher und spielt Klimaschutz:
   Drum lässt sie nur noch stündlich schüchtern einen Pups.

2. Zwei Zentner purer Schinken, dreißig Kilo reins Filet,
   sollt aus dem Ferkel werden, doch das ist längst passé.
   Statt Fleischrendite bringa hockt sie im Opel drin,
   der ausrangiert im Hof draußd steht, denn sie ist Kanzlerin.
   Hinten drin die alten Eber „Berlusconi", „Sarkozy",
   doch wohin die Reise geht, bestimmt allein nur sie.

   Unser Ferkel, das heißt Merkel
   und das Viech hat einen Spleen.
   Es sagt: „Ich bin die echte, die wahre Kanzlerin."
   Und wenn demnächst im Fernsehen Frau Merkel ist im Bild,
   dann schauns ob aus ihr'm Ärmel ned a Schweinepfote quillt.

Beamtenpatenschaften

Eine ganz besondere Möglichkeit Steuern zu sparen, ist die Übernahme von Beamten-Patenschaften. Dieses bisher nur in Insider-Kreisen verbreitete Steuersparmodell hat jetzt auch das Ehepaar Klein für sich entdeckt, das bei einer Veranstaltung unvermutet ihr Patenkind, den Herrn Nowotny, im Publikum sieht.

Personen: Herr und Frau Klein, ihr Patenkind Herr Nowotny

Sie: Mei da Herr Nowotny is da! Herr Nowotny is des schee, dass Sie heit kemma san! Du schau, wer heit da is – da Herr Nowotny!

Er: Mei! Den hätt i jetzt beinah net gsehng vor lauter Feinstaub. Sag, was hast denn heit drin für ihn in deim Körberl?

Sie: An Napfkuchen und an Deoroller.

Er: Oh, oh, i woaß ned, ob des was is!

Sie: Was, a Deoroller?

Er: Naa, an Napfkuchen! Man muss ihn wieder langsam an diese Dinge heranführen.

Sie: Schmarrn! Glaubst, dass der des nimma kennt? I woaß ganz genau, dass die im Finanzamt manchmal gfeiert habn! Da frag ich ihn einfach. Schau hin jetzt schaut er weg! Des hat er noch von früher. Der traut sich ned! Wissen S', ein guter Beamter schaut immer weg, wenn wo was los is. Herr Nowotny, was habn S' denn? Ich hab doch glei gsagt, die Schulung is nix für ihn.

Er: Du weißt doch wie stark er nervlich angschlagn is. Ned, dass'n wieder zsammabröselt, weil er mit dieser Wertschätzung nicht zurechtkommt. Der hat doch seit der letzten Schulung kein Selbstwertgefühl mehr.
Und auch des mit dem Deo halt ich für eine sehr gefährliche Sache! Der könnt des zweifelsohne als dezenten Hinweis auf seinen starken Körpergeruch deuten! *(Sie geht zu ihm hin und gibt ihm die Hand.)* Der hat doch solche Schwitzhänd'.

Sie: Naa, heut geht's! Jetzt schaun mia halt wie er drauf is, sonst nimm i des Glump wieder mit heim. Du weißt doch, d'Hauptsach ist, man zeigt Anteilnahme.

Tango

1. Al-so mia warn auch sehr skep-tisch ganz of-fen ge-sagt, wia un-ser

Steu-er-be-ra-ter uns hat neu-lich ge-fragt, die-sen neu-en Weg des Spa-rens

jetzt zu be-schrei-ten. A-ber dann lie-ßen wir uns halt doch von ihm ver-lei-ten mit

dem was un-ser in - sol - ven-ter Staat neu-er-dings als Ent-las-tung

an-zu-bie-ten hat. Drum fol-gen S' un-serm Bei-spiel, ma-chen Sie's wie wir! Mit

Nächs-ten-lie-be Steu-ern sparn, jetzt, gleich und hier! Mit ab-zugs-fä-hi-gen,

fa - bel-haf-ten, neu-en Be-am-ten - pa-ten-schaf-ten. So - zial-ver-träg-lich,

ca - ri - ta-tiv, staats - er - hal - tend und in - no - va - tiv:

Be - am-ten-pa-ten-schaf-ten! Be - am-ten-pa-ten-schaf-ten!

ca - ri - ta-tiv, staats - er - hal - tend und in - no - va-tiv:

Be - am-ten-pa-ten-schaf-ten!　　　　Be - am-ten-pa-ten-schaf-ten!

1. Also mia warn auch sehr skeptisch ganz offen gesagt,
   wia unser Steuerberater uns hat neulich gefragt,
   diesen neuen Weg des Sparens jetzt zu beschreiten.
   Aber dann ließen wir uns halt doch von ihm verleiten
   mit dem was unser insolventer Staat
   neuerdings als Entlastung anzubieten hat.
   Drum folgen S' unserm Beispiel, machen Sie's wie wir!
   Mit Nächstenliebe Steuern sparn, jetzt, gleich und hier!

   Mit abzugsfähigen, fabelhaften,
   neuen Beamtenpatenschaften.
   Sozialverträglich, caritativ,
   staatserhaltend und innovativ:
   Beamtenpatenschaften!
   Beamtenpatenschaften!

Er: *(gesprochen)* Schaun S', man zahlt jetzt nicht mehr so anonym seine Steuern
   für so Großprojekte oder für die Rüstung. Es ist halt einfach viel
   persönlicher und man kriegt ein völlig neues Verhältnis zum Staat.

2. Des kann a jeder macha, wia er will und mag.
   Wir habn unseren bstellt aus'm Otto-Katalog.
   Sein ehrlicher Blick hat unser Mitleid geweckt
   und dass a guater Kern auch in eahm drin steckt.
   Mia zahln eahm's Weihnachtsgeld und auch as Urlaubsgeld,
   damit er mal naus kimmt und was sieht von der Welt.
   Wir schreiben ihn voll ab – er schreibt uns Ansichtskartn.
   Mehr Liebe kann man doch von so was fast nicht erwarten

   als mit abzugsfähigen, fabelhaften,
   neuen Beamtenpatenschaften.
   Sozialverträglich, caritativ,
   staatserhaltend und innovativ:
   Beamtenpatenschaften!
   Beamtenpatenschaften!

Sie: *(gesprochen)* Er ist ja so genügsam, unser Herr Nowotny. Heuer macht er wieder an Radlurlaub im Altmühltal und übernachten tut er in der Jugendherberge mit seinem Jugendherbergs-Seniorenausweis. Mei, süß!

3. Er ist ja so bescheiden und er tut sich ungern zeigen
   aber mia habn zu ihm gsagt, des derf fei nimma so bleibn.
   Jetzt kommen S', Herr Nowotny, stehn S' auf und sagn S' Grüß Gott!
   Man ist stolz, wenn ma an Beamten zum Abschreiben hat.
   Warum steuerlich in die Ferne schweifen,
   wenn das Arme liegt so nah, direkt zum Greifen.
   Aber Vorsicht, passen S' auf, dieser Tipp ist heiß:
   Nehman S' nur oan mit Untätigkeitsnachweis!

   Sonst gibt's nix für diese fabelhaften,
   neuen Beamtenpatenschaften.
   Weil, die wenn tätig werdn, oans is gwiss,
   dass des nimmer sozialverträglich is.
   Drum: Beamtenpatenschaften!

(gesprochene Szene)
Sie: Und jetzt kriagt er sein Napfkuchen! Schaun S' Herr Nowotny, ihr Napfkuchen? *(zum Publikum)* Sehng S' wia er sich freut! Schaun S', jetzt isst er! Mei und wia's eahm schmeckt!

Er: Und er ist so einfach in der Haltung. Bei seim Buam, dem Marcel san mia aa scho Pate, weil man weiß ja ned, vielleicht wird der aa amoi a Beamter. Des bleibt ja bei denen gern auch in der Familie.

Sie: Unser Steuerberater, der hat jetzt a Schulleiterin adoptiert. Ok, der is in a andern Gehaltsklasse. Seitdem hat der aber mit seim Igor keine Schulprobleme mehr. Wir müssen uns halt mit am kleinen Sachbearbeiter zufrieden gebn. Da hat man in diesem Sinne eigentlich keine Vorteile.

Er: Aber auch in dieser Kategorie gibt's Schnäppchen: Weihnachten z. B. Politessen, muaß ma schnell sei, de san immer glei weg!
Und Herr Nowotny: Brösln S' ned wieder so rum!

Sandmann Seehofer

1. In ganz Bay-ern liegt man schlaf-los, wälzt im Bett sich hin und her, denn als Bür-ger hier im Frei-staat, ja, da hat man es sehr schwer. Plötz-lich kommt ein Sand-mann g'flo-gen, sagt: „Ich schenk euch ei-nen Traum! Ei-ne schul-den-frei-e Zu-kunft, ihr müsst nur an mich fest glaubn." See-ho-fer, See-ho-fer, streu ganz fest dein Sand, da - mit wir auch in Zu-kunft wei-ter blöd bleibn in un-serm Land. See-ho-fer, See-ho-fer, streu fest Sand in d'Augn, da - wir auch in Zu-kunft nur auf dich al - lein ver - traun.

1. In ganz Bayern liegt man schlaflos,
   wälzt im Bett sich hin und her,
   denn als Bürger hier im Freistaat,
   ja, da hat man es sehr schwer.
   Plötzlich kommt ein Sandmann g'flogen,
   sagt: „Ich schenk euch einen Traum!
   Eine schuldenfreie Zukunft,
   ihr müsst nur an mich fest glaubn."

   Seehofer, Seehofer, streu ganz fest dein Sand,
   damit wir auch in Zukunft weiter blöd bleibn in unserm Land.
   Seehofer, Seehofer, streu fest Sand in d'Augn,
   damit wir auch in Zukunft nur auf dich allein vertraun.

2. Gestern kommt ein LKW gfahrn
   in die Sandmandl-Staatskanzlei.
   Fragt der Wirtschaftstaatsminister:
   „Ja, was hast denn du dabei?"
   Sagt der Fahrer „Mei du Sandler,
   host des immer no ned checkt?
   Da hat sich grad da Seehofer
   mit a Riesenladung Sand ei'deckt."

   Seehofer, Seehofer, streu fest Sand in d'Augn,
   denn es gibt gnua Dumme, die werden immer an dich glaubn.
   Seehofer, Seehofer, streu ganz fest dein Sand,
   damit du ned selber ausrutscht in deinem schönen Bayernland.

3. Und wenn Sie durch Bayern fahren
   und Sie treffen auf viel Sand,
   hat sich das Klima nicht verändert,
   nur die Haufen hier im Land.
   Denn da gibt's viel zuzudecken
   von der Rhön bis zum Chiemseestrand,
   dass wir an den Sandmann glauben
   vom Ochsenkopf bis ins Füssner Land.

   Seehofer, Seehofer, streu nur Tag und Nacht,
   es ist ja so schön zu sehen, wie viel Freude es dir macht.
   Seehofer, Seehofer, irgendwann ist ausgeträumt,
   denn alles hat ein Ende sogar in Bayern, wie es scheint.

Anmerkung:
Horst Seehofer, bayerischer Ministerpräsident und CSU-Chef, bekannt sowohl für seine abrupten politischen Richtungswechsel als auch für seine populistischen Stammtisch-Nebelkerzen (Autobahnmaut für Ausländer; Windkraft ja, Windrad nein …)

Söder Rektal

1. Feh-len Ih-nen Macht und Grö-ße, der rech-te Geist und Sinn? O - der wärn S' gern Po-pu - list? Wir kriegn des so-fort hin. Selbst wenn die Di-a-gno-se voll - kom-men aus-sichts - los, wir ha-ben jetzt ein Prä-pa-rat, die Wir-kung ist gran - dios! A Zap-ferl Sö-der Rek - tal hilft auch in Ih-rem Fall. So ein-fach zu do - siern, drum gleich mal aus-pro - biern. A Zap-ferl Sö-der Rek - tal macht Sie hem-mungs - los, gna-den-los, skru-pel-los, ein-fach fa - mos.

2. Möch-ten Sie's Pro-gramm ver - än-dern von B - R und Z - D - F o - der

wärn S' gern oh-ne Kön-nen von ir-gend-was der Chef? Sparn Sie sich den

Dok-tor und ei-nen Ti-tel - kauf, trotz man-cher Ne-ben - wir-kung geht's

ra-send schnell ber - gauf. A Zap-ferl Sö - der Rek - tal, echt mul-ti-funk-tio -

nal, macht klei-ne Würs-tl groß, du bist Po - tenz-pro-ble-me los. Der

All-zweck - Wirk-stoff aus dem C - S - U - La - bor macht dich zum Cha -

mä-le-on leicht wie nie zu - vor.

3. Ein ganz be-sond-res

High-light ist Sö-der beim Sau - niern, ü - ber'm Auf-guss fein zer - brö-selt, steigt

es so-fort ins Hirn. Des Zap-ferl ist fle - xi-bel und im-mer ein-setz-

bar, bei Durch-fall und Ver - stop-fung da hilft es wun-der - bar. A Zap-ferl

Sö - der Rek - al schenkt man Freun-den ger-ne mal und bist du nicht gut

drauf, dann lutsch es ein-fach auf. Als Pro-be - pa-ckung im Bay-ern-ku -

rier kommt es mor-gen kos-ten-los jetzt auch zu dir und mir.

1. Fehlen Ihnen Macht und Größe, der rechte Geist und Sinn?
   Oder wärn S' gern Populist? Wir kriegn des sofort hin.
   Selbst wenn die Diagnose vollkommen aussichtslos,
   wir haben jetzt ein Präparat, die Wirkung ist grandios!

   A Zapferl Söder Rektal
   hilft auch in Ihrem Fall.
   So einfach zu dosiern,
   drum gleich mal ausprobiern.
   A Zapferl Söder Rektal macht Sie hemmungslos,
   gnadenlos, skrupellos, einfach famos.

2. Möchten Sie's Programm verändern von BR und ZDF
   oder wärn S' gern ohne Können von irgendwas der Chef?
   Sparn Sie sich den Doktor und einen Titelkauf,
   trotz mancher Nebenwirkung geht's rasend schnell bergauf.

   A Zapferl Söder Rektal,
   echt multifunktional,
   macht kleine Würstl groß,
   du bist Potenzprobleme los.
   Der Allzweck-Wirkstoff aus dem CSU-Labor
   macht dich zum Chamäleon leicht wie nie zuvor.

3. Ein ganz besondres Highlight ist Söder beim Sauniern,
   über'm Aufguss fein zerbröselt, steigt es sofort ins Hirn.
   Des Zapferl ist flexibel und immer einsetzbar,
   bei Durchfall und Verstopfung da hilft es wunderbar.

   A Zapferl Söder Rektal
   schenkt man Freunden gerne mal
   und bist du nicht gut drauf,
   dann lutsch es einfach auf.
   Als Probepackung im Bayernkurier
   kommt es morgen kostenlos jetzt auch zu dir – und mir.

Anmerkung:
Markus Söder, christsozialer Raufbold und Populist aus Franken, ehemaliger Seehofer-Nachfolger; bekannt für seine sprichwörtliche Flexibilität und Anpassungsfähigkeit als Volontär beim BR (1993), CSU-Generalsekretär (2003–2007), bayerischer Europaminister (2007–2008), bayerischer Umweltminister (2008–2011) und bayerischer Finanzminister (ab 2011); kümmerte sich immer wieder rührend um die Qualität der Berichterstattung in BR und ZDF durch höchstpersönliche Intervention bei Redaktionen und Intendanten.

Der Bayern-Wertstoffkönig

Hubert Aiwanger, ehemaliger Landwirt und schillernder Landes- und Bundesvorsitzender der Freien Wähler, betritt mit Trachtenjanker und der rechten Hand in der Hosentasche die Bühne und spricht zum Volk in unverkennbar niederbayerischen Dialekt mit ausgeprägter Endsilbenbetonung.

Aiwanger: Grüß Gott, ich bin der Hubert Aiwanger.

Ich bin wichtig, darum bin ich heute do. Ich moche so schöne Sochen, auch mit dem Herrn Ude, obwohl er eine Großstadt-Ballerina ist. Den hab ich neulich auf meinen Bauernhof eingeladen und hab ihm eine Sau geschenkt, damit er glücklich ist. Das ist für mich sehr wichtig!

Und meiner Kollegin, der Tanja Schweiger habe ich ein Kind gemocht, damit sie weg is von der Stroße.

Ich mache so schöne Sachen, deshalb bin ich do. Und ich bin auch schon überall drinnen. Bei „Who Is Who" bin ich auch schon drin und bei Wikipedia habe ich mich selber hineingeschrieben, weil ich so wichtig bin.

Ich muss überall hinein, weil ich bin wichtig!

1. Je-den Mor-gen um Punkt acht wird mein Be-trieb hier auf-ge-macht. Dann
stehn Sie an, bis dass ich schlie-ße, ich ken-ne kei-ne Wirt-schafts-kri-se.
Kos-ten-güns-tig, null Pro-blem, ein-fach Ih-ren Bal - last ab-gebn. Sie
krie - gen mei-ne Hand da - rauf, denn ich be - rei - te al - les auf.
Ich bin der Bay-ern - Wert-stoff - kön - ig, ich bin nicht schwul und

trotz-dem le - dig. Ich komm von Nie - der - bay - ern her und hei-ße Hu - bert Ai - wan - ger. Er kommt von Nie - der - bay - ern her und er heißt Hu - bert Ai - wan - ger.

1. Jeden Morgen um Punkt acht
   wird mein Betrieb hier aufgemacht.
   Dann stehn Sie an, bis dass ich schließe,
   ich kenne keine Wirtschaftskrise.
   Kostengünstig, null Problem,
   einfach Ihren Ballast abgebn.
   Sie kriegen meine Hand darauf,
   denn ich bereite alles auf.

   Ich bin der Bayern-Wertstoffkönig,
   ich bin nicht schwul und trotzdem ledig.
   Ich komm von Niederbayern her
   und heiße Hubert Aiwanger.
   Er kommt von Niederbayern her
   und er heißt Hubert Aiwanger.

2. Was früher Brüssel abbekam,
   das nimmt jetzt meine Firma an.
   Die Freien Wähler-Kompost-Betriebe
   recyceln alles mit viel Liebe:
   Gelbe Säcke, rote Socken,
   gerne auch an Bauernbrocken.
   Die CSU machts ganz bequem,
   die nutzt unser Rabattsystem.

Ich bin der Hubert Aiwanger
und ich bin wichtig!

Ich bin der Bayern-Wertstoffkönig,
Abfall sammeln, das macht selig.
Auch Fettnäpfe, die mag ich sehr,
gestatten, Hubert Aiwanger
Auch Fettnäpfe, die mag er sehr,
unser Hubert Aiwanger.

3. Und grausen tut mir eh vor nix,
   denn ich setz auf Entsorgungsmix.
   Entrümpeln S' Ihr Parteibüro!
   Auch Schlagersänger nimm i o.
   Selbst den allergrößten Dreck –
   Halt, Stopp! Die Pauli ist ja weg.
   Die steht jetzt drauß als Gartenzwerg
   gleich hinter meinem Humuswerk.

   Ich bin der Bayern-Wertstoffkönig,
   ich bin so wichtig und das nicht wenig.
   Wer macht sonst Abfalleimer leer?
   Doch nur der Hubert Aiwanger!
   Wer macht sonst Abfalleimer leer?
   Doch nur der Hubert Aiwanger!

   Und wenn Sie jetzt mitgesungen haben, dürfen Sie Hubert zu mir sagen.
   Das Lied ist Kindergarten-geeignet und ohne Beschränkung.

   Ich bin der Bayern-Wertstoffkönig,
   ich bin so wichtig und das nicht wenig.
   Wer macht sonst Abfalleimer leer?
   Doch nur der Hubert Aiwanger!
   Wer macht sonst Abfalleimer leer?
   Doch nur der Hubert Aiwanger!

Anmerkungen:
- Christian Ude: langjähriger Münchner Oberbürgermeister und SPD-Spitzenkandidat bei der Bayerischen Landtagswahl 2013
- Tanja Schweiger: Landtagsabgeordnete der Freien Wähler und Lebensgefährtin von Hubert Aiwanger
- Gabriele Pauli: ehemalige CSU-Landrätin, 2008 Landtagsabgeordnete der Freien Wähler, 2009 von der Landtagsfraktion und Partei ausgeschlossen
- Hubert Aiwanger: Meister der Endsilbenbetonung und Herr der „Wohin soll ich mich wenden"-Gruppierung namens „Freie Wähler" (politische Heimat gestrandeter CSU-Politiker, Schlagerstars und abgehalfterter Wirtschaftsgrößen), scheut in der Wahl seiner Themen weder Populismus noch Irrwitzigkeit

Dutzi Dutzi

Zwei in die Jahre gekommene, ältere Damen treffen sich zu einem Spaziergang. Beide plauschen miteinander. Frau Butz, mit unverkennbarem fränkischen Zungenschlag, treibt ihre Bekannte, die Frau Meier an, um schneller voran zu kommen.

Meier: Kommen S', Frau Butz, auf geht's! Ned so langsam! Hopp, hopp, hopp! Habn ma wieder unsere Nordic-Walking-Stöck vergessen? *(zum Publikum)* Ohne die geht heutzutag ja gar nichts mehr.

Butz: Ja, ja, ich komm schon. *(hält eine Tablettenschachtel in der Hand)*

Meier: Schaun S', wolln S' a Probepackung? Hab ich gschenkt gekriegt. Eine Vitalpilzmischung für die Frau.

Butz: Man sieht's schon. Jetzt, wo Sie's sagn!

Meier: *(schaut entgeistert)* Ich hab's doch no gar ned probiert! Aber, es soll eine spürbare körperliche und geistige Entlastung bringen.

Butz: Dann wär des ja was für die Ulla Schmidt. Die is jetzt auch in dem Alter. Außerdem muss die erst mal ihre eigene Gesundheitsreform überlebn.

Meier: Da muss sie aber kräftig einwerfen. *(hat etwas Eigenartiges entdeckt)* Mei, schaun S' amal, was da is! Des is aber kein Schwammerl ...

Butz: *(schaut genauer auf den Boden)* Ah ja , jetzt seh ich's auch. *(geht dabei näher zum Gefundenen)*

Meier: Vorsicht, treten Sie's ned zsamm!

Butz: So was Schwindsüchtiges!

ganz zer-zaust und recht der-haut, ha-ben wir's heut früh ent-

deckt, wia's grad as Köp-ferl hat raus - greckt. Zuerst

ham-ma glaubt, es is a Bär, psst, ganz lei-se, schauns mal her! Da liegt's

drin so zart und rot, so schwach und vol-ler A-tem-not.

Dut-zi, dut-zi, dä, dä, dä, es ist die Bay-ern - S P D. Ein

furcht-bar scheu-es We-sen, das längst galt als ver - we-sen.

Dut-zi, dut-zi, dä, dä, dä, wo is denn d'Bay-ern - S P D?

Un-ser Ar-chä-o - lo-gen-fund, der dem-nächst in d'Wal-hal-la kummt.

Die Couplet-AG – Die ersten 20 Jahre

1. Im Kreisverkehr Franz-Josef-Strauß
   am Wertstoffhof beim Klärwerk drauß,
   unterm Sperrmüll drin und Brennesselkraut,
   ganz zerzaust und recht derhaut,
   haben wir's heut früh entdeckt,
   wia's grad as Köpferl hat rausgreckt.
   Zuerst hamma glaubt es is a Bär,
   psst, ganz leise, schauns mal her!
   Da liegt's drin so zart und rot,
   so schwach und voller Atemnot.

   Dutzi, dutzi, dä, dä, dä,
   es ist die Bayern-SPD.
   Ein furchtbar scheues Wesen,
   das längst galt als verwesen.
   Dutzi, Dutzi, dä, dä, dä,
   wo is denn d'Bayern-SPD?
   Unser Archäologenfund,
   der demnächst in d'Walhalla kummt.

2. Todgeweiht schon von Geburt,
   da hilft koa Wallfahrt mehr nach Lourdes.
   Es ist so schwach auf seiner Brust,
   so fahl und ohne Lebenslust.
   Bitte nicht so nah heran,
   weil's des gar ned haben kann.
   Bei bösen Worten wie „CSU"
   macht es sowieso gleich zu.
   Auch „Stoiber" hört's nicht gern,
   da fängt es sofort an zu plärrn.

   Dutzi, Dutzi, dä, dä, dä,
   die kleine Bayern-SPD.
   Wie habn sie oft gespottet,
   du wärst schon ausgerottet!
   Dutzi, Dutzi, dä,dä,dä,
   Butziwaggi-SPD,
   Du warst schon fast erwachsen,
   dann brach man dir die Haxen.

3. Freilich ist's für dich recht schwer,
   denn es kennt dich kaum noch wer.
   Du soziales Gewissen der Republik,
   doch das liegt lange schon zurück!

Und weil man so was schnell vergisst,
hat dich niemand hier vermisst.
Doch vor langen grauen Zeiten
gab's dich auch in unsern Breiten.
Und wart ihr auch nicht viel,
war d'Regierung euer Ziel.

Dutzi, Dutzi dä, dä, dä,
das scheue Wesen SPD.
Vergessen und verschollen,
niemand hat dich wollen,
Dutzi, Dutzi, dä, dä, dä,
die letzte Bayern-SPD
wird in Schnaps jetzt konserviert
und der Nachwelt vorgeführt.

Frau Butz kramt in ihrer Manteltasche und findet dort eine Broschüre.
Zeigt diese nun der Frau Meier.

Butz: Mei, schaun S'! Da habns ma heut Vormittag auf der Straße diese Frauenarzt-Praxis-Werbebroschüre in die Hand gedrückt.

Meier: *(besieht sich die Broschüre und stellt dann triumphierend fest)* Und bei dem hab ich jetzt nachher an Termin!

Butz: Was? Der hat doch erst aufgmacht? *(Dreht dabei den Flyer, auf dem Prospekt sieht man nun das attraktive Erscheinungsbild des jungen Frauenarztes)*

Meier: Mhmhm! Neu und unverschämt jung, gell!

Butz: Eigentlich fast viel zu jung!

Meier: Alt werdens von allein!

Butz: Und! Habns ihn schon gsehn?

Meier: Wen?

Butz: Den neuen Frauenarzt.

Meier: Nein, aber ghört am Telefon – eine sehr vielversprechende Stimme!

Butz: Dann rentieren sich wenigstens die 10 € Praxisgebühr! Weil sind wir uns mal ehrlich, kaum bist du über 50, dann schauns da ja eh bloß mehr die Zunga o.

Meier: Des ist mir wurscht! Ich zieh mich einfach aus! Da kann ich keine Rücksicht nehmen!

Butz: Do haben S' recht, weil wenn jetzt nicht angreifen, wann dann?!

Meier: Wissen S', so richtig brauch i ja schon lang keinen Arzt mehr! Weil seit der Aldi so gut sortiert sind, spar ich mir oft a mal die 10 €. Sie, die haben Sachen für Krankheiten, die man noch gar nicht kennt. Ja wirklich! Mal was fürs Knie, mal was fürs Herz! Des nehm ich alles! Rein prophylaktisch! Damit bleib ich selbstbewusst, attraktiv und erfolgreich.

Butz: *(besieht sich spöttisch die Frau Meier)* So, so, weiß das auch ihr Körper?

Meier: Eben nicht! Drum sorg ich doch dafür, dass der des ned gspannt, dass es für ihn diese Krankheiten gibt! Verstehn S'? Ich muss doch leistungsfähig bleiben! Bluthochdruck, Cholesterin, Galle, Gelenke, Glucosamin, Klima-aktiv für die Wechseljahre, Linusit „Lust auf mehr", Muschelkonzentrat, Rheuma, Stochastik, Alsiroyal für Augen, Nieren, Füße, Magnesium und Mineralwasser – aber nicht des Verstrahlte, von den Adelholzner Schwestern! – und Koralle gemahlen mit Asiageschmack. Osteoporose, nehm ich auch, seit die Frau Herzog da immer so a Werbung gmacht hat dafür! Sogar Feng-Shui-Türen und -Fenster hat's letzte Woche gebn.

Butz: (verständnisvoll) Es is einfach ein gutes Gefühl zu wissen, man kann zum Arzt, muss aber nicht.

Meier: Ja, ja, man darf sich finanziell nicht so abhängig machen. Gott sei Dank, sitzen die Ärzte und Apotheker nicht in der Regierung, weil sonst könnten wir uns des Kranksein gar nicht mehr leisten.

Butz: Ich lass mir meinen Blutdruck jetzt täglich beim Nachbarn mitmessen, der ist doch in Pflegestufe IV, da kommt der Zivi von den Johannitern, dem steck ich ab und zu was zu. Und, der hat einen Sixpack-Body sag ich Ihnen! Wahnsinn!

Meier: Darf ich da auch mal kommen?

Butz: Na freilich, weil Sie als AOK-Patientin ...

Meier: Hörn S' mir auf! Als AOK-Rentnerin kriegst sowieso nur mehr die Ladenhüter. Drum hab ich jetzt auch meinen Hausarzt gwechselt! Der verschreibt mir Tabletten, die sind noch gar nicht aufm Markt! Ned amal da Lidl hat die! Und dann fragt er mich immer, wie sie wirken.

Butz: Apropos Lidl! Ich muss ja zum Rossmann! Da gibt's heut Probepackungen für Cellulite, ganz umsonst! (tritt dabei unachtsam auf die „SPD" und verlässt eilig die Bühne)

Meier: (schreit erregt auf) Mei, passen S' doch auf! Des gibt's doch ned! Jetzt hat die – jetzt ist die ... also, glaubst as ned! (entsetzt) Jetzt ist die mit ihrem orthopädischen Klumpfuß drauf datscht! (untersucht die „SPD") Jetzt is ganz hin! (im Abgehn schimpfend) Also, des derf doch ned wahr sein. Jetzt ist die ... des war doch ... (schüttelt den Kopf, geht ab)

Anmerkung:
- Ulla Schmidt: frühere bundesdeutsche Gesundheitsminsterin
- Frau Herzog: Gattin des ehemaligen Bundespräsidenten Roman Herzog
- Franz Josef Strauß: ehemaliger bayerischer Ministerpräsident und legendärer CSU-Chef
- Walhalla: Ruhmestempel an der Donau bei Donaustauf
- Lourdes: französischer Marienwallfahrtsort
- Edmund Stoiber: ehemaliger Ministerpräsident und CSU-Parteivorsitzender
- Aldi, Lidl und Rossmann: dt. Einzelhandels-Filialunternehmen

Seit Entstehen dieser Szene im Jahr 2006 hat sich weder am Zuspruch noch am Zustand der Bayern-SPD etwas Wesentliches geändert. Im Gegenteil: Mittlerweile gibt es ganze Landstriche, die weder im Land noch im Bund durch einen eigenen SPD-Abgeordneten vertreten werden.

Oh Ude, Ude, Ude du

Herr Cornelsen, ein seriös wirkender Herr von der Johannes-Heesters-Stiftung JHS betritt im Anzug die Bühne.

Cornelsen: Mein sehr geehrten Damen und Herren, wir von der Johannes-Heesters-Stiftung heißen Sie ganz herzlich willkommen und freuen uns, dass wir Ihnen innerhalb unseres Projektes „Rethel für alle – Arbeiten an Senioren" ein ganz besonders gelungenes Beispiel für die Wiedereingliederung junger Frauen auf dem bayrischen Arbeitsmarkt präsentieren dürfen: Frau Tatjana Schwaiger!

Auftritt Tatjana Schwaiger

Schwaiger: Grüß Gott, grüß Gott ...

Cornelsen: Frau Schwaiger, Sie wirken so glücklich.

Schwaiger: Ja, als ehemalige Müller-Brot-Verkäuferin bin ich froh und glücklich, dass ich dank des Rethel-Projektes eine neue Aufgabe gefunden hab ... in der Seniorenbetreuung.

Cornelsen: Möchten Sie uns diese verraten?

Schwaiger: Ja, seit Januar bin ich Seniorenwahlkampfmanagerin beim Christian Ude.

Cornelsen: Oh, eine große Aufgabe.

Schwaiger: Ja, ja da haben S' schon recht. Aber wissen Sie: ich hab ja bei Müller Brot jahrelang – und das sehr erfolgreich Altgebäck – verkauft. Von daher seh ich da überhaupt keinen Unterschied.

Cornelsen: Ja dann, legen Sie mal los: toi, toi, toi!

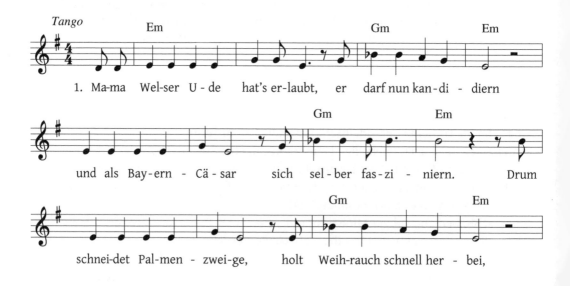

der sich selbst Ge - salb - te zieht Rich-tung Staats-kanz - lei.

Am **Em** **Am** **Em**

Baut ihm ü - ber - all A - re-nen, da - mit er zu uns spricht, denn

Bm **Em** **D**sus **D**7

Wahl-kampf auf der Stra-ße, das mag der Cä-sar nicht.

G **C** **D**7 **G**

Oh U - de, U - de, U - de, du! Es ist so rat-ten - scharf, dass bald

C **D**7 **G**

je - der hier im Bay-ern-land dir die Stim-me schen-ken darf. Oh

C **D**7 **G**

U - de, U - de, U - de, du! Du Li - lie in Weiß - Blau! Dass

C **D**7 **G**

dich die E - dith end - lich lässt, ist ein - fach ei - ne Schau.

1. Mama Welser Ude hat's erlaubt, er darf nun kandidiern
   und als Bayern-Cäsar sich selber fasziniern.
   Drum schneidet Palmenzweige holt Weihrauch schnell herbei,
   der sich selbst Gesalbte zieht Richtung Staatskanzlei.
   Baut ihm überall Arenen, damit er zu uns spricht,
   denn Wahlkampf auf der Straße, das mag der Cäsar nicht.

Oh Ude, Ude, Ude, du! Es ist so rattenscharf,
dass bald jeder hier im Bayernland dir die Stimme schenken darf.

Oh Ude, Ude, Ude, du! Du Lilie in Weiß-Blau!
Dass dich die Edith endlich lässt, ist einfach eine Schau.

2. Wie dürfen wir dir dienen? Mit einer Startbahn vier,
   die mit dem Ude-Feiertag benannt wird dann nach dir?
   Jedes Klo kriegt Bildtapeten mit deinem Konterfei.
   Oh, großer Cäsar Ude, du bist überall dabei.
   Du fleischgewordener Ozapfschlegel, wir danken Tag und Nacht:
   Die Hülsen deiner Worte habn uns so satt gemacht.

Oh Ude, Ude, Ude, du! Brauchst niemand neben dir,
keine Basis, keine SPD, Hauptsach du bist hier.

Oh Ude, Ude, Ude, du! Wir verspiegeln jede Wand,
damit du dich bewundern kannst überall im Land.

Oh Ude, Ude, Ude, du! Keiner ist so toll wie du,
ein Glückshormon für jedermann, unsterblich immerzu.

Oh Ude, Ude, Ude, du! Du machst uns völlig high!
Oh Ude, Ude, Ude, du! Du bist der letzte Sch ... Schrei!

Anmerkung:
Christian Ude, langjähriger Münchner Stadtfürst (OB) und gescheiterter Spitzenkandidat
der Bayern-SPD für die Landtagswahl 2013. Zeichnete sich im Wahlkampf u. a. damit aus,
dass er aufgrund einer latenten Geografieschwäche die bayerische Landkarte neu sortierte
(„Unterfranken links oben, das sehe ich nicht ganz ein") und Wunsiedel im Erzgebirge ver-
ortete.

Herzhaftes aus der Welt der Volkssänger

Neulich eine Metzgersfrau

Neulich eine Metzgersfrau

Neu-lich ei-ne Metz-gers-frau, dick wie a Drei-zent-ner-sau,

walzt in ei-nem Tanz-saal rum, plötz-lich fallt die Blun-zn um.

Bei dem Plumps a Brett hat kracht, hat an lan-gen Split-ter gmacht.

Der bleibt ste-cken ihr im Speck, sie kann nim-mer weg.

Jes-sas, jes-sas mia habn glacht, wie die so a Spek-ta-kel macht,

weil sie sich ins Sitz-fleisch grad an Schie-fer nei-zogn hat.

1. Neulich eine Metzgersfrau,
   dick wie a Dreizentnersau,
   walzt in einem Tanzsaal rum,
   plötzlich fallt die Blunzn um.
   Bei dem Plumps a Brett hat kracht,
   hat an langen Splitter gmacht.
   Der bleibt stecken ihr im Speck,
   sie kann nimmer weg.

Jessas, jessas mia habn glacht,
wie die so a Spektakel macht,
weil sie sich ins Sitzfleisch grad
an Schiefer neizogn hat.

2. D' Kathi, eine böse Frau,
haut ihr'n Mann fast grün und blau;
eines Tags beim Morgenrot,
liegt's im Bett, mausdreckerltot.
Er hat sich scho heimlich gfreut,
zum Begräbnis kemma d'Leut;
plötzlich hebts an Deckl auf,
haut eahm a paar no nauf.

Jessas, jessas mia habn glacht,
hat der Mo zwoa Augn higmacht;
oan Tag hat's der Teifi bloß
und lassts scho wieder los!

3. Schneidermeister Deixenkerl,
dünn als wia a Pfeif'nröhrl,
der macht Sprüch mit seiner Schneid
und so was verdriaßt die Leut.
Drum is oana fuchti worn,
nimmt ihn tüchtig bei de Ohrn,
packt ihn obn und unt beim Gwand,
haut ihn hin an d'Wand.

Jessas, jessas mia habn glacht,
alle Boana habn eahm kracht.
Rotz und Wasser hat er plärrt,
der Meck, Meck, Meck, der gscheert.

Anmerkung:
Original-Couplet aus der Sammlung „Münchner Blut", Abdruck mit freundlicher Genehmigung des Effel-Verlages. Dieses Lied wurde durch die Couplet-AG wieder populär gemacht.

I möcht a Herz habn

1. Als ech-ter Spieß vom al-ten Schla-ge geh ich auf d'Nacht ins Bräu-haus hin. I möcht a Maß frisch ei-gschenkt, sag i, und d'Speis-kart her, Sie Kell-ne-rin. Les ich mei Leib-speis, ach wie glück-lich, ruf ich voll Freud mit fro-hem Mut: I möcht a Herz habn mit Kar-tof-fel, denn grad des Herz schmeckt mir so gut. I möcht a Herz habn mit Kar-tof-fel, denn grad des Herz schmeckt mir so gut.

1. Als echter Spieß vom alten Schlage
   geh ich auf d'Nacht ins Bräuhaus hin.
   I möcht a Maß frisch eigschenkt, sag i,
   und d'Speiskart her, Sie Kellnerin.
   Les ich mei Leibspeis, ach wie glücklich,
   ruf ich voll Freud mit frohem Mut:

   I möcht a Herz habn mit Kartoffel,
   denn grad des Herz schmeckt mir so gut.
   I möcht a Herz habn mit Kartoffel,
   denn grad des Herz schmeckt mir so gut.

2. Kommt dann die Kellnerin bald wieder
   und sagt: Schon gstrichen – welch ein Schmerz.
   Mein lieber Herr, es ist mir zwider,
   nehmen S' a Zung anstatt dem Herz.
   Da stinkt er mir dann ganz elendig
   und zornig rufe ich dann barsch:

   I möcht a Herz habn mit Kartoffel,
   mit deiner Zung leckst mich am Arsch!
   I möcht a Herz habn mit Kartoffel,
   mit deiner Zung leckst mich am Arsch!

3. Doch krieg ich einmal diese Speise,
   dann hau ich mir's gehörig an.
   Ich ess und fress ganz aus der Weise,
   bis ich mich nicht mehr rühren kann.
   Geh ich dann heim und möchte schlafen,
   und ist mir dann der Bauch zu voll.

   Speib i as Herz und dann d' Kartoffel
   und nachher ist mir wieder wohl.
   Speib i as Herz und dann d' Kartoffel
   und nachher ist mir wieder wohl. Jawohl!

Anmerkung:
Original-Couplet aus der Sammlung „Münchner Blut", Abdruck mit freundlicher Genehmigung des Effel-Verlages. Das „Herz mit Kartoffel" wurde durch die Aufführung innerhalb unserer Wirtshausprogramme wieder verbreitet und bekannt gemacht.
Es gibt übrigens noch eine andere zweite und dritte Strophe. Die hier aufgeführte Version ist in den Originalnoten mit „Herrenabendtext" überschrieben.

's Hehneraug

1. A Zahn-weh und a Heh-ner-aug, des is halt so a Kaas, Der
Weh-dam, der is ü-ber-all, i halt's scho bald nim-mer aus. Am
schlimms-ten is so a Weh-dam, ja i konn's euch gar ned sagn,
wuillst a-mal wo hin-gehn, muasst d'Schuah in da Händ drin-na tragn.
Ja, ja es wisst's ja niad, wia weh so a Heh-ner-aug duat,
a so a Lum-pa-viech gibt Tag und Nacht koa Ruah. I spring wo
ei - ni, i dua ma was o, weil so a Lum-pa-viech
koa Ruah gebn ko! I spring wo ei - ni, i dua ma was o,
weil so a Lum-pa-viech koa Ruah gebn ko!

1. A Zahnweh und a Hehneraug, des is halt so a Kaas,
   der Wehdam, der is überall, i halt's scho bald nimmer aus.
   am schlimmsten is so a Wehdam, ja i konn's euch gar ned sagn,
   wuillst oamal wo hingehn, muasst d'Schuah in da Händ drinna tragn.

   Ja, ja es wisst's ja niad, wia weh so a Hehneraug duat,
   a so a Lumpaviech gibt Tag und Nacht koa Ruah.
   I spring wo eini, i dua ma was o,
   weil so a Lumpaviech koa Ruah gebn ko!
   I spring wo eini, i dua ma was o,
   weil so a Lumpaviech koa Ruah gebn ko!

2. Ja neulich, da fahr' ma nach Minga, im Zug da war a rechts G'schiab.
   Da tritt mi so a Rindviech auf's Hehneraug auffi als wia
   und i in mein größtn Wehdam lang zua Notbrems nacha hi.
   Da Zug bleibt steh', der Schaffner kummt und schreit mi o als wia:
   „Ja Sie Rindviech, Sie Trottel, was haben Sie da nauf zum langa!?"

   Na hab i gsagt:
   Ja, ja es wisst's ja niad, wia weh so a Hehneraug duat,
   a so a Lumpaviech gibt Tag und Nacht koa Ruah.
   I spring wo eini, i dua ma was o,
   weil so a Lumpaviech koa Ruah gebn ko!
   I spring wo eini, i dua ma was o,
   weil so a Lumpaviech koa Ruah gebn ko!

3. Ja neulich, da gehn ma halt schlafa, mei Weiberl und halt i,
   zur Mitternacht, wo alles schläft, da warn ma uns a bisserl guat
   und wia i in da größt'n Hitz' bin, denk an's Hehneraug nimmer dro
   und stoß mi mit dem Lumpaviech an der Bettstattkantn o!

   Ja, ja es wisst's ja niad, wia weh so a Hehneraug duat,
   a so a Lumpaviech gibt Tag und Nacht koa Ruah.
   I spring wo eini, i dua ma was o,
   weil so a Lumpaviech koa Ruah gebn ko!
   I spring wo eini, i dua ma was o,
   weil so a Lumpaviech koa Ruah gebn ko! Hajo!

Anmerkung:
Überliefertes Original-Couplet aus der Oberpfalz

Der Tausch

1. In ei-nem Dor-fe, da warn sechs Schnei-der, die habn den

Schus-ter in das Kri-mi-nal ge-bracht. Der ar-me Schus-ter, der ar-me

Schus-ter, der woaß ja ned, was er ver-bro-chen hat. Geh, mach ma an

Tausch. Geh, tausch ma s' aus. Geh, tausch ma s' aus. Geh, mach ma an

Tausch. De Schnei-der häng ma und an Schus-ter schick ma z'haus. Geh, mach ma an

Tausch. Geh, tausch ma s' aus. Geh, tausch ma s' aus. Geh, mach ma an

Tausch. De Schnei-der häng ma und an Schus-ter schick ma z'haus.

2. Zwei jun-ge Bur-schen, die gin-gen sau-fen, in ei-nem Dop-pel-li-ter stand das Bier am Tisch. Da fin-gen sie sich gleich an zu rau-fen, da kriagt a je-der sak-risch Wichs. Geh, mach ma an Tausch. Geh, tausch ma s' aus. Geh, tausch ma s' aus. Geh, mach ma an Tausch. Nimmst du de zriss-ne Hos-n, i gib da mei blaus Aug. Geh, mach ma an Tausch. Geh, tausch ma s' aus. Geh, tausch ma s' aus. Geh, mach ma an Tausch. Nimmst du de zriss-ne Hos-n, i gib da mei blaus Aug.

3. Da oa-ne hei-rat a al-te Schach-tl, de was zwoa gro-ße Häu-ser

1. In einem Dorfe, da warn sechs Schneider,
   die habn den Schuster in das Kriminal gebracht.
   Der arme Schuster, der arme Schuster,
   der woaß ja ned, was er verbrochen hat.
   Geh, mach ma an Tausch.
   Geh, tausch ma s' aus.
   Geh, tausch ma s' aus.
   Geh, mach ma an Tausch.
   De Schneider häng ma und an Schuster schick ma z'haus.

Geh, mach ma an Tausch.
Geh, tausch ma s' aus.
Geh, tausch ma s' aus.
Geh, mach ma an Tausch.
De Schneider häng ma und an Schuster schick ma z'haus.

2. Zwei junge Burschen, die gingen saufen,
in einem Doppelliter stand das Bier am Tisch.
Da fingen sie sich gleich an zu raufen,
da kriagt a jeder sakrisch Wichs.
Geh, mach ma an Tausch.
Geh, tausch ma s' aus.
Geh, tausch ma s' aus.
Geh, mach ma an Tausch.
Nimmst du de zrissne Hosn, i gib da mei blaus Aug.
Geh, mach ma an Tausch.
Geh, tausch ma s' aus.
Geh, tausch ma s' aus.
Geh, mach ma an Tausch.
Nimmst du de zrissne Hosn, i gib da mei blaus Aug.

3. Da oane heirat a alte Schachtl,
de was zwoa große Häuser hat drin in da Stadt.
Der andre heirat a junge Wachtl,
de was koan Kreuzer Geld ned hat.
Geh, mach ma an Tausch.
Geh, tausch ma s' aus.
Geh, tausch ma s' aus.
Geh, mach ma an Tausch.
Nimmst du de Alte, i de Junge und a Haus.
Geh, mach ma an Tausch.
Geh, tausch ma s' aus.
Geh, tausch ma s' aus.
Geh, mach ma an Tausch.
Nimmst du de Alte, i de Junge und a Haus und aus.

Anmerkung:
Überliefertes Original-Couplet, das u. a. von den „Roagersbachern" (Wastl Bihler und Sepp Vogel) aus Feldmoching gesungen wurde.

Und i bin halt a Lump

1. Mei Vo-da, der tuat Spat-zn rup-fa und lassts na-ckert in da Pfan-na hup-fa. Und i bin halt a Lump, ja, und i bleib halt a Lump und i bin halt a lia-der-li-cher Lump, Lump, Lump.

2. Ü-bers Eis sam-ma gfahrn mit an glä-sern Schub-karrn, hast denn so-was scho ghört, hats uns d'Arsch-ba-cken gfreert. Und i bin halt a Lump, ja, und i bleib halt a Lump und i bin halt a lia-der-li-cher Lump, Lump, Lump.

3. A-ber d'Ho-sn hab i zris-sn von un-ten bis auf d'Höh, ja, und i lass mir s' halt ned

fli-cka, weil a Lump bin i eh. Und i bin halt a Lump, ja, und i

bleib halt a Lump und i bin halt a lia-der-li-cher Lump, Lump, Lump.

4. A Mentsch hab i ghabt, bin i sau-ba nei-dappt, denn beim Tag hats a

Gschau wia-ra oi-de Fack-n-sau. Und i bin halt a Lump, ja, und i

bleib halt a Lump und i bin halt a lia-der-li-cher Lump, Lump, Lump.

5. An Pfar-rer hab i's beicht, 's Dirn-dl g'rat i ned leicht, sagt da Pfar-rer zu

mir, 's geht ma grad so wia dir. Und i bin halt a Lump, ja, und i

bleib halt a Lump und i bin halt a lia-der-li-cher Lump, Lump, Lump.

6. Jetzt hab i a scheens Wei-berl und wann s' so schee bleibt, dann stell i s' an Gar-tn naus, dass d'Vö-gl mir ver-treibt. Und i bin halt a Lump, ja, und i bleib halt a Lump und i bin halt a lia-der-li-cher Lump, Lump, Lump.

7. Wann's Tag werd, gehn ma schla-fa, wann's Nacht werd, steh ma auf, wann's kocht is, gehn ma ess-n und wann's z'bläd werd, hörn ma auf. Und i bin halt a Lump, ja, und i bleib halt a Lump und i bin halt a lia-der-li-cher Lump, Lump, Lump.

1. Mei Voda, der tuat Spatzn rupfa
   und lassts nackert in da Pfanna hupfa.
   Und i bin halt a Lump,
   ja, und i bleib halt a Lump
   und i bin halt a liaderlicher Lump, Lump, Lump.

Die Couplet-AG – Die ersten 20 Jahre

2. Übers Eis samma gfahrn
   mit an gläsern Schubkarrn,
   hast denn sowas scho ghört,
   hat's uns d'Arschbacken gfreert.
   Und i bin halt a Lump ...

3. Aber d'Hosn hab i zrissn
   von unten bis auf d'Höh,
   ja, und i lass mir s' halt ned flicka,
   weil a Lump bin i eh.
   Und i bin halt a Lump ...

4. A Mentsch hab i ghabt,
   bin i sauba neidappt,
   denn beim Tag hat's a Gschau
   wiara oide Facknsau.
   Und i bin halt a Lump ...

5. An Pfarrer hab i's beicht,
   's Dirndl g'rat i ned leicht,
   sagt da Pfarrer zu mir,
   's geht ma grad so wia dir.
   Und i bin halt Lump ...

6. Jetzt hab i a scheens Weiberl
   und wann s' so schee bleibt,
   dann stell i s' an Gartn naus,
   dass d'Vögl mir vertreibt.
   Und i bin halt a Lump ...

7. Wann's Tag werd, gehn ma schlafa,
   wann's Nacht werd, steh ma auf,
   wann's kocht is, gehn ma essn
   und wann's z'bläd werd, hörn ma auf.
   Und i bin halt a Lump ...

Anmerkung:
Bei den ersten drei Strophen handelt es sich um ein überliefertes Couplet, das von den „Roagersbachern" (Wastl Bihler und Sepp Vogel) aus Feldmoching gesungen wurde. Die weiteren Strophen wurden durch Gstanzlzeilen ergänzt.

De kropfert Pinzgerin

1. Znachst bin i bei der krop-fer-ten Pinz-ge-rin glegn, hol-la-ria, hol-la - rei, hol-la - ro. De hat ma ihrn Kropf als Kopf-pol - ster gebn, hol-la - ria, hol-la - rei, hol - la - ro. A - ber lus - tig is im grea - na Woid, da wo se der schwar - ze Zi - geu - ner auf - hoit. Zwengs an Hu - rax - dax, packs bei der Hax, packs bei der Zeh, schmeiß' auf d'Höh, Schmalz in der But-tn, Loam in da Gruabn, furt auf d'Nacht, hoam in da Fruah, lus - tig san

d'Hoiz - ha - cker - buam, d'Schwie - ger - muat - ta reißt an Arsch auf

d'Höh hol - la - ria, hol - la - rei, hol - la - ro.

1. Znachst bin i bei der kropferten Pinzgerin glegn,
   hollaria, hollarei, hollaro.
   De hat ma ihrn Kropf als Kopfpolster gebn,
   hollaria, hollarei, hollaro.

   Aber lustig is im greana Woid,
   da wo se der schwarze Zigeuner aufhoit.
   Zwengs an Huraxdax, packs bei der Hax,
   packs bei der Zeh, schmeiß' auf d'Höh,
   Schmalz in der Buttn, Loam in da Gruabn,
   furt auf d'Nacht, hoam in da Fruah,
   lustig san d'Hoizhackerbuam,
   d'Schwiegermuatta reißt an Arsch auf d'Höh
   hollaria, hollarei, hollaro.

2. Auf da Pinzgara Höh is beim Dianei so schee,
   hollaria, hollarei, hollaro.
   Konnst an Kropf auffi steh, siehgst d'Sunna aufgeh
   hollaria, hollarei, hollaro.

   Aber lustig is im greana Woid, ...

3. Wanns a Pinzgerin wuist liabn, muasst a Messer eischiabn
   hollaria, hollarei, hollaro.
   Wannst a Bussl wuist habn, muasst zerscht an Baamhackl abschabn
   hollaria, hollarei, hollaro.

   Aber lustig is im greana Woid, ...

Hinter Stein am Anger

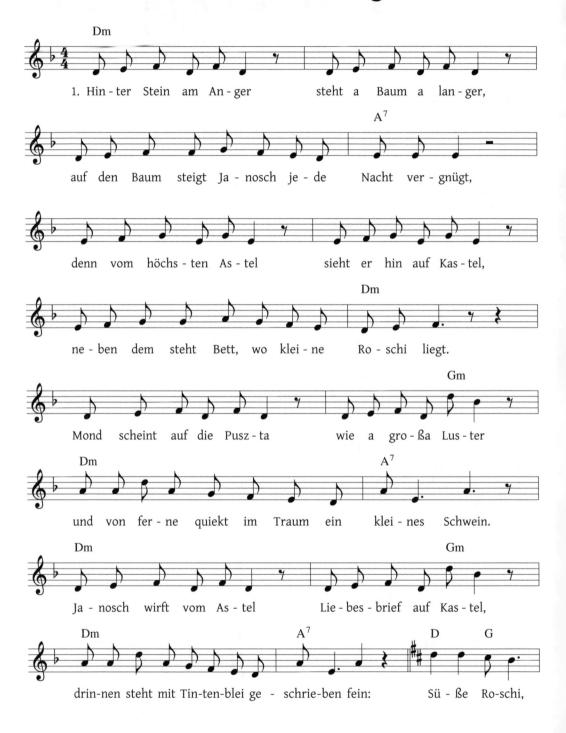

1. Hin - ter Stein am An - ger steht a Baum a lan - ger,

auf den Baum steigt Ja - nosch je - de Nacht ver - gnügt,

denn vom höchs - ten As - tel sieht er hin auf Kas - tel,

ne - ben dem steht Bett, wo klei - ne Ro - schi liegt.

Mond scheint auf die Pusz - ta wie a gro - ßa Lus - ter

und von fer - ne quiekt im Traum ein klei - nes Schwein.

Ja - nosch wirft vom As - tel Lie - bes - brief auf Kas - tel,

drin - nen steht mit Tin - ten - blei ge - schrie - ben fein: Sü - ße Ro - schi,

1. Hinter Stein am Anger
   steht a Baum a langer,
   auf den Baum steigt Janosch jede Nacht vergnügt,
   denn vom höchsten Astel
   sieht er hin auf Kastel,
   neben dem steht Bett, wo kleine Roschi liegt.
   Mond scheint auf die Puszta
   wie a große Luster
   und von ferne quiekt im Traum ein kleines Schwein.
   Janosch wirft vom Astel
   Liebesbrief auf Kastel,
   drinnen steht mit Tintenblei geschrieben fein:

   Süße Roschi, daram, daram, bitteschön, sag doch endlich „Ja".
   Deine Augen, süße Roschi, brennen heißer noch als Paprika!
   Süßes kleines Rabenvieh aus Ungarn,
   lass mich nicht vor Liebesglut verhungern.
   Süße Roschi, daram, daram, bitteschön, sag doch endlich „Ja".

2. Janosch kriegt das Mädel,
    weil hart harte Schädel
    und in vierzehn Tagen soll die Hochzeit sein.
    Selbst gebratnes Schweinderl
    hupft vor Freid im Reinderl,
    Janosch kauft noch kedvesch Kindswäsch, Bettwäsch ein.
    Nimmt a frisches Hemd sich,
    fühlt darin ganz fremd sich,
    aber alles tut er gern für kleines Braut.
    Kämmt vom Ross die Schweife,
    wäscht sich Hals mit Seife
    und beim Stiefelputzen hernach singt er laut:

    Süße Roschi, daram, daram, bitteschön, sag doch endlich „Ja".
    Deine Augen, süße Roschi, brennen heißer noch als Paprika!
    Süßes kleines Rabenvieh aus Ungarn,
    lass mich nicht vor Liebesglut verhungern.
    Süße Roschi, daram, daram, bitteschön, sag doch endlich „Ja".

3. Bei der Hochzeitsfeier
    da fließt der Tokajer,
    Janosch sauft für drei, denn er ist Hauptperson.
    Und er halt a Rede,
    a lange bläde Rede,
    alles schneuzt sich tief gerührt ins Tischtuch schon.
    Mit den Schnurrbartspitzeln
    tut er Roschi kitzeln,
    das ist süßer Vorgeschmack auf Hochzeitsnacht.
    „Servus Leutln" sagt er
    und die Roschi packt er
    und die Banda spielt dazu, dass alles kracht!

    Süße Roschi, daram, daram, bitteschön, sag doch endlich „Ja".
    Deine Augen, süße Roschi, brennen heißer noch als Paprika!
    Süßes kleines Rabenvieh aus Ungarn,
    lass mich nicht vor Liebesglut verhungern.
    Süße Roschi, daram, daram, bitteschön, sag doch endlich „Ja".

Anmerkung:
Überliefertes Original-Couplet mit ungarndeutscher Sprachparodie.
Stein am Anger (Steinamanger), westungarische Stadt in der Nähe der österreichischen
Grenze, heutiger Name: Szombathely

Der Sündenfall

1. Ja wia der Herr-gott grad de Welt er-schaf-fen hat, hat er sei lia-be Not mit all sei'm Krem-pl ghabt. Zerst hat er Zie-gen ghüat, na hat er s' füat-tern mian, da sagt der lie-be Gott: "Jetzt hab i's satt!" Er nimmt an Bat-zen Loam in d'Händ und hau-t'n a paar Mal hi an d'Wänd. Er na-gelt, pickt und leimt und draht von sieb-ne früah bis a-bends spaat und haucht dem Ding an A-tem o und wisst's es, wer er war, der Mo? Der A-dam war's mit Leib und Seel, steht na-ckert auf der Stell. Der A-dam war's mit Leib und Seel, steht na-ckert auf der Stell.

1. Ja wia der Herrgott grad
   de Welt erschaffen hat,
   hat er sei liabe Not
   mit all sei'm Krempl ghabt.
   Zerst hat er Ziegen ghüat,
   Na hat er s' füattern mian,
   da sagt der liebe Gott:
   „Jetzt hab i's satt!"

   Er nimmt an Batzen Loam in d'Händ
   und haut'n a paar Mal hin an d'Wänd,
   er nagelt, pickt und leimt und draht
   von siebne früah bis abends spaat
   und haucht dem Ding an Atem o
   und wisst's es, wer er war, der Mo?

   Der Adam war's mit Leib und Seel,
   steht nackert auf der Stell.
   Der Adam war's mit Leib und Seel,
   steht nackert auf der Stell.

2. Zum Adam sagt der Herr:
   „Des ganze Paradies,
   des is jetzt deins, des G'scherr,
   aber treib ma ja koan B'schiss.
   Und dass d' koa Langweil hast
   und dass d' de niad dastoßt,
   ja, ja, des mach' ma glei',
   du kriagst a Wei'!"

   Er nimmt vom Adam a Rippn weg
   und ziahgts a paar mal durch'n Dreck,
   a Schlanga nimmt er nach'ra Weil,
   de steckt er dera nei ins Mäu.
   Am Fuchs, dem reißt er as Schwanzl aus
   und macht ihr rote Haar na draus.

   Und schee und frisch wia Milch und Bluat,
   de Eva dasteh duat.
   Und schee und frisch wia Milch und Bluat,
   de Eva dasteh duat.

3. Sie lebn wia d'Turteltaubn
   Zum Herrgott seiner Freid,
   er kann des gar niad glaubn,
   's war aa scho höchste Zeit.
   Aber d'Eva hat ned gruaht,
   de tratzt nan bis aufs Bluat,
   weil er koa Äpfel wui,
   des is halt so a Weibergspui!

   „Jetzt wennst de Äpfel net glei frisst,
   vo mir aus du koa Mannsbuild bist.
   I kann do niad, des muasst do sehgn,
   ned allaweil von Zwetschgen lebn."
   Der Adam, der längst gnua scho hat,
   frisst Äpfel eini, gelb und rot."

   Und des war zum ersten Mal
   der große Sündenfall.
   Und des war zum ersten Mal
   der große Sündenfall.

4. Der Herrgott hat des gsehgn
   und kriagt an großen Zorn,
   er is vor lauter Wuat
   glei richtig fuchtig wordn.
   Er ziaght sie raus aus'm Versteck
   und nimmt eahna Feignblattl weg
   und sagt zum Gabriel:
   „Aber auf der Stell!"

   De zwoa, de miassn aus'm Paradies,
   de verschandeln mir all mei ganze Himmelswies!
   Da waar ja bald, mei liaba Mo,
   an koan Baum mehr a Äpfel dro!
   Koan Hauszins woll'n sie aa ned zahln,
   jetzt solln sie macha, was sie wolln.

   De schönsten Äpfel habns mir gstohln,
   jetzt soll s' der Deifl holn.
   De schönsten Äpfel habns mir gstohln,
   jetzt soll s' der Deifl holn!

Anmerkung:
Überliefertes Original-Couplet aus der Oberpfalz

Klapphornverse

Ma - rie-chen saß auf ei-nem Stein, wa - rum denn nicht auf zwei'n. Ma-
rie-chen saß auf ei-nem Stein, wa - rum denn nicht auf zwei'n.
1. Zwei Sol - da - ten stie - gen auf ei - nen Turm. *Ja, was is des?* Sie
hat - ten kei - ne U - ni - furm. *Ja freilich!* Auch kei - ne Sä - bel bei - de
hat - ten. *Ja und?* Es warn ei - gent - lich gar kei - ne Sol - dat - en. *Auweh!*

Mariechen saß auf einem Stein, warum denn nicht auf zwei'n.
Mariechen saß auf einem Stein, warum denn nicht auf zwei'n.

1. Zwei Soldaten stiegen auf einen Turm. – *Ja, was is des?*
   Sie hatten keine Unifurm. – *Ja, freilich!*
   Auch keine Säbel beide hatten. – *Ja und?*
   Es waren eigentlich gar keine Soldaten. – *Auweh!*

   Mariechen saß auf einem Stein, warum denn nicht auf zwei'n
   Mariechen saß auf einem Stein, warum denn nicht auf zwei'n.

2. Zwei Katzen fingen eine Maus. – *Ja, was is des?*
Da kam sie ihnen wieder aus. – *Ja, freilich!*
Da dachten sich die beiden Katzen. – *Ja und?*
As nächste Mal fang ma an Ratzen. – *Auweh!*

Mariechen saß auf einem Stein, warum denn nicht auf zwei'n
Mariechen saß auf einem Stein, warum denn nicht auf zwei'n.

3. Zwei Knaben pflückten am Felde Blumen. – *Ja, was is des?*
Da ist ein Aufseher gekumen. – *Ja, freilich!*
Er hat die Blumen ihnen gnumen. – *Ja und?*
Da sind ihna Tränen runtergrunen. – *Auweh!*

Mariechen saß auf einem Stein, warum denn nicht auf zwei'n
Mariechen saß auf einem Stein, warum denn nicht auf zwei'n.

4. Zwei Knaben stiegen auf einen Baum. – *Ja, was is des?*
Sie wollten Äpfel runterhaun. – *Ja, freilich!*
Am Gipfel droben wurd's ihnen klar. – *Ja und?*
Dass das a Fahnenstange war. – *Auweh!*

Mariechen saß auf einem Stein, warum denn nicht auf zwei'n
Mariechen saß auf einem Stein, warum denn nicht auf zwei'n.

5. Ein Kätzlein sagte zu dem andern. – *Ja, was is des?*
Ich glaube schon ans Seelenwandern. – *Ja, freilich!*
Die andere sprach: Du hast's erraten. – *Ja und?*
Morgen sind wir vielleicht Hasenbraten. – *Auweh!*

Mariechen saß auf einem Stein, warum denn nicht auf zwei'n
Mariechen saß auf einem Stein, warum denn nicht auf zwei'n.

6. Zwei Knaben stiegen auf eine Leiter. – *Ja, was is des?*
Der obere war etwas gescheiter. – *Ja, freilich!*
Der untere Knabe, der war dumm. – *Ja und?*
Auf einmal fiel die Leiter um. – *Auweh!*

Mariechen saß auf einem Stein, warum denn nicht auf zwei'n
Mariechen saß auf einem Stein, warum denn nicht auf zwei'n.

7. Zwei Knaben fingen ein Eidachsel. – *Ja, was is des?*
   Der wo es gfangt hat, der hieß Maxel. – *Ja, freilich!*
   Der andre packte es beim Schwanzel. – *Ja und?*
   Und dieser Knabe der hieß – *Franzel!*
   Naa, Gabriel hat der gheißn, dass S' auch nicht recht habn. – Auweh!

   Mariechen saß auf einem Stein, warum denn nicht auf zwei'n
   Mariechen saß auf einem Stein, warum denn nicht auf zwei'n.

Anmerkung:
Der oder die Vortragende wird jeweils durch einen gesprochenen Kommentar (Ja, was is des ...) unterbrochen. Original-Couplet von Karl Valentin, Abdruck mit freundlicher Genehmigung des Piper Verlages. Dieses Lied ist Bestandteil unseres Valentin-Programmes „Ja lachen Sie nur".

Chinesisches Couplet

Vor-/Zwischenspiel

1. Mant-sche mant-sche pant-sche Hong-kong tsching tschang, kai-fu schin si Pe-king gi-gi wai hai wai. Tit-schi tat-schi mok-ka zip-pi zip-pi zap-pi, gug-gi dut-ti sup-pi Mon-go-lei. Tin-ge-le tan-ge-le shun-di hun-di gusch-ti, tschin-schi-na-ti wu-schi wu-schi tam tam tam. Wann i ko na kim-mi, kim-mi a-ba nim-mi, kim-mi kum-mi a-ber i kim kam. Wo wi weh wi bob-bi hop-si tsching tschang, a si sta-si wa-si wi-si tschin tschin tschin. Tau-chi tau-chi pi-pi pi-pi scheiß i in die Hän-di, was-si bob-bi wie-di mit i

La - no - lin. Chi - na brin - ga kin - na kin - da mi oi - sam,

tam tam tam. Tschin-gi - ding schne-dre-deng tschin tschin tschin-gi-da,

nas-si was-si wuh, Ka-ka - du Ka-ka-da. Tschin-gi - ding schne-dre-deng tschin

tschin tschin - gi - da, nas - si was - si wuh, Ka - ka - du Ka - ka - da.

1. Mantsche mantsche pantsche Hongkong tsching tschang,
   kaifu schin si Peking gigi wai hai wai.
   Titschi tatschi mokka zippi zippi zappi,
   guggi dutti suppi Mongolei.

   Tingele tangele s hundi hundi guschti,
   tschinschinati wuschi wuschi tam tam tam.
   Wann i ko na kimmi, kimmi aba nimmi,
   kimmi kummi aber i kim kam.

   Wo wi weh wi bobbi hopsi tsching tschang,
   a si stasi wasi wisi tschin tschin tschin.
   Tauchi tauchi pipi pipi scheiß i in die Händi,
   wassi bobbi wiedi mit i Lanolin.
   China bringa kinna kinda mi oisam,
   tam tam tam.

   Tschingiding schnedredeng tschin tschin tschingida,
   nassi wassi wuh, Kakadu Kakada.
   Tschingiding schnedredeng tschin tschin tschingida,
   nassi wassi wuh, Kakadu Kakada.

2. Ni widi tschen male gan demmi detti,
   la schade schon wette wett wuff wuff
   Goll wudi bum bim wuschi wuschi sitz wetz,
   susi du si sussi witzi schrumm.

Die Couplet-AG – Die ersten 20 Jahre

So von um runde wie so Zitrone,
do legst di nieda plim plam plum.
Tutti tutti grossi heiße Suppe bloß i,
Rahm obschlecken und von hinten rum.

Anni widi wei wei tam di didi tam tam ,
schlucki schlucki wust wust gusti gutti gutt.
Bier hamma nimmi sauf ma hoid a Wassi,
mog i der is lari nacha wirds kaputt.
Nicki nischi waschi schliffi schnack,
wau wau wau.

Tschingiding schnedredeng tschin tschin tschingida,
nassi wassi wuh, Kakadu Kakada.
Tschingiding schnedredeng tschin tschin tschingida,
nassi wassi wuh, Kakadu Kakada.

3. Snegrededeng widi Putzpomadischachti,
boane wecke tutti frutti wasch wasch wasch.
Poppi nanni quasti millen dunsen,
Haferl gocken schmeck den betzi gwasch.

Ka ko ki ka, ki ka keki wanzi,
Maggi maggi maggi maggi mog i ned.
Hummi wepsi bin i um hoib eifi kimmi,
Heitschi boppi tschingreding ins Bett.

Tsching tschang tsching tschang, gib i dann a Bussi
meine liebe Maxi maxi maxi maxi max.
Tsching tschang tsching tschang, kitz i dann am Fussi
oder auf deutsch bei di Haxi haxi hax.
Glaub mich lachens aus, weil ich bin Chines,
wos is des?

Tschingiding schnedredeng tschin tschin tschingida,
nassi wassi wuh, Kakadu Kakada.
Tschingiding schnedredeng tschin tschin tschingida,
nassi wassi wuh, Kakadu Kakada.

Anmerkung:
Original-Couplet von Karl Valentin, Abdruck mit freundlicher Genehmigung des Piper-Verlages. Die vorliegende Version stammt von einer Schellack-Aufnahme mit Liesl Karlstadt (*Liesl Karlstadt singt Chinesisch*). Dieses Lied ist Bestandteil unseres Valentinprogrammes *Ja lachen Sie nur* zusammen mit dem Valentin-Biographen und Münchner Turmschreiber Alfons Schweiggert.

Wenn ich einmal der Herrgott wär

1. Wenn ich ein-mal der Herr-gott wär, mein ers-tes wär-e das: ich schü-fe al-le Krie-ge ab, vor-bei wär Streit und Hass. Doch weil ich nicht der Herr-gott bin, hab ich auch kei-ne Macht. Zum ew'-gen Frie-den kommt es nie, weils im-mer wie-der kracht.

1. Wenn ich einmal der Herrgott wär, mein erstes wäre das:
   ich schüfe alle Kriege ab, vorbei wär Streit und Hass.
   Doch weil ich nicht der Herrgott bin, hab ich auch keine Macht.
   Zum ew'gen Frieden kommt es nie, weils immer wieder kracht.

2. Wenn ich einmal der Herrgott wär, mein zweites wäre dies:
   ich schüfe alle Technik ab, 's wär besser, ganz gewiss.
   Dann gäb es auch kein Flugzeug mehr! O Gott! Wie wär das nett!
   Und ohne Angst, da gingen wir allabendlich ins Bett.

3. Wenn ich einmal der Herrgott wär, ich gäbe in der Welt
   den Menschen alle die Vernunft, die scheint's, noch vielen fehlt.
   Doch weil mir das nicht möglich ist, die Sache ist zu dumm,
   drum bringen sich die Menschen mit der Zeit noch alle um.

4. Wenn ich einmal der Herrgott wär, ich glaub, ich käm in Wut,
   weil diese Menschheit auf der Welt grad tut, was sie gern tut.
   Ich schaute nicht mehr lange zu, wenn s' miteinander raufen,
   ich ließe eine Sintflut los und ließ sie all ersaufen.

5. Ja, lieber Herrgott, tu das doch, du hast die Macht in Händen,
   du könntest diesen Wirrwarr doch mit einem Schlag beenden.
   Die Welt, die du erschaffen hast, die sollst auch du regieren!
   Wenn du die Menschen nicht ersäufst, so lass sie halt erfrieren.

Anmerkung:
Original-Couplet von Karl Valentin. Bei der Melodie handelt es sich um das bekannte
Hobellied aus dem Wiener Volksstück *Der Verschwender* von Ferdinand Raimund
(Komponist: Conradin Kreutzer). Abdruck mit freundlicher Genehmigung des Piper
Verlages. Das Lied ist Bestandteil unseres Valentinprogrammes *Ja lachen Sie nur* zusammen
mit dem Valentin-Biographen und Münchner Turmschreiber Alfons Schweiggert.

Anhang

Lieder

- Bauchtanz Arabia, S. 38 (*T: JK/M: BG/September 1999/F-Dur*)
- Bayerische Verdienstorden, S. 185 (*T: JK/M: BG/Mai 1997/As-Dur*)
- Beamtenpatenschaften, S. 206 (*T: JK & Hanns Christian Müller/M: Hanns Christian Müller/September 2003/E-Dur*)
- Bierbauch-Hasi, S. 164 (*T: JK/M: BG/Juni 2012/B-Dur*)
- Bofrost-Kinder, S. 16 (*T: JK/M: BG & trad./Januar 2010/B-Dur*)
- Chakra, S. 110 (*T: JK/M: BG/Juli 2000*)
- Chinesisches Couplet, S. 253 (*T: Karl Valentin/M: ?*)
- Da müss' ma operiern, S. 103 (*T: JK/M: BG/Januar 2013*)
- Dampfstrahler, S. 34 (*T: JK/M: BG & trad./Februar 1995/F-Dur*)
- Das Papsthaar, S. 147 (*T: JK/M: BG & trad./August 2006/B-Dur*)
- De kropfert Pinzgerin, S. 242 (*T: trad./M: trad./As-Dur*)
- Der Bayern-Wertstoffkönig, S. 216 (*T: JK/M: BG/Dezember 2009*)
- Der Gartenteich, S. 44 (*T: JK/M: BG/Juli 1997/B-Moll*)
- Der Kandidat, S. 194 (*T: JK/M: BG/Juli 2003/As-Dur*)
- Der Pflegedienst, S. 106 (*T: JK/M: BG/August 1997/As-Dur*)
- Der Rasso vom Inkasso, S. 144 (*T: JK/M: BG/Juli 2006/C-Moll*)
- Der Sündenfall, S. 247 (*T: trad./M: trad./As-Dur*)
- Der Tausch, S. 234 (*T: trad./M: trad.*)
- Die ALDI-Queen von Kasse 2, S. 152 (*T: JK/M: BG/Mai 1997/F-Dur*)
- Die Nachtigall von Dachau, S. 88 (*T: JK/M: Georg Huber/B: BG/Februar 1995*)
- Die Spuren der Muren, S. 80 (*T: JK/M: BG/Juli 2000*)
- Dolde der Heimat, S. 93 (*T: JK/M: BG/November 1997/Es-Dur*)
- Dutzi dutzi, S. 219 (*T: JK/M: BG/September 2006*)
- Eigenurin, S. 100 (*T: JK/M: trad./Juli 1997*)
- Elsa, die Kakerlake, S. 76 (*T: JK/M: BG/März 2012/G-Moll*)
- Erlebnispädagogik, S. 26 (*T: JK/Februar 1995*)
- Es lebe der Seniorenpark, S. 121 (*T: JK/M: BG/September 1999/Des-Dur*)
- Extrem-Seniorenreisen, S. 126 (*T: JK/M: BG/August 2003/As-Dur*)
- Fußball-Fan, S. 36 (*T: JK/M: BG & trad./September 1993/F-Dur*)
- Geh peitsch mi, S. 170 (*T: JK/M: trad./Februar 1995/Es-Dur*)
- Gilbert der Rammler, S. 64 (*T: JK/M: BG/Juli 2003*)
- Hengst im Vollerwerb, S. 167 (*T: JK/M: BG/Oktober 2003*)
- Hinter Stein am Anger, S. 244 (*T: trad./M: trad./Es-Moll*)
- I bin a Lehrer, i woaß mehrer, S. 22 (*T: JK/M: BG/August 2000/As-Dur*)
- I möcht a Herz habn, S. 230 (*T: August Junker/M: G. Huber/B: BG/As-Dur*)
- Ich wär so gern mal ohne Hirn, S. 140 (*T: JK/M: BG/März 2009/F-Dur*)
- Klapphornverse, S. 250 (*T: Karl Valentin/M: trad./B-Dur*)
- Knackwurst im Rosengarten, S. 84 (*T: JK/M: BG/August 2006/Des-Dur*)
- Land der Berge, S. 182 (*T: JK/M: VIII. Psalmton/April 1995*)
- Latte-Macchiato-Mütter, S. 18 (*T: JK/M: BG/März 2013/B-Dur*)
- Manta Willi, S. 174 (*T: JK/M: Gustav Krebs/Juli 1993/F-Dur*)
- Möbelhaus-Tourismus, S. 52 (*T: JK/M: BG/Mai 1997/F-Dur*)
- Nehman S' an Alten, S. 114 (*T: JK nach Otto Reutter/M: BG/März 1994/G-Dur*)

Szenen

Erläuterung Klammertext: (Text / Musik / Bearbeitung / Erscheinungsdatum / Originaltonart)
Abkürzungen: JK = Jürgen Kirner; BG = Bernhard Gruber-Gruber

Bernhard Gruber

Berni Filser

Bianca Bachmann

Jürgen Kirner

Historie

(1991) (Gründung einer dreiköpfigen Volkssänger-Sozietät unter dem Namen „Der Couplet-Wahnsinn" durch Jürgen Kirner als Teil des „weiß-blauen Kabarettls", der Kabarettbühne im Münchner „Wirtshaus zum Isartal")

08 / 1993 Personelle Umgestaltung und Erweiterung der Besetzung auf die heutige Form (Jürgen Kirner, Anna M. Spies, Bernhard Gruber, Hans Dettendorfer): Die „Geburtstunde" der Couplet-AG

05 / 1994 Erster Auftritt bei einer Münchner Stadtteilwoche als Vorgruppe von Williams Wetsox in München-Sendling

12 / 1999 Auftritt im Hauptprogramm auf der Münchner Millenniumsmeile (Bühne am Odeonsplatz) an Silvester 1999

01 / 2003 CD-Produktion *Münchner Blut* mit historischen Original-Couplets anlässlich des 10. Geburtstags der Couplet-AG

01 / 2005 Vorstellung des gemeinsamen Programms *Klassik trifft Couplet* mit dem Streicherensemble der Münchner Philharmoniker *Saitensprung*

04 / 2008 Großer Jubiläumsabend im ausverkauften Circus-Krone zusammen mit *Saitensprung* (Streicherensemble der Münchner Philharmoniker) und den *Schwuhplattlern*

07 / 2009 Die Couplet-AG wird „Protektor" des Fördervereines für die Jugendsiedlung Hochland in Königsdorf

10 / 2009 Anna M. Spies scheidet bei der Couplet-AG aus, Bianca Bachmann (bekannt als Monika Hohlmeier-Double vom Starkbieranstich auf dem Nockherberg) wird neues Ensemble-Mitglied.

01 / 2010 Premiere des gemeinsamen Wirtshausprogramms *Jetzt geht's auf ...* mit Traudi Siferlinger (Bayerisches Fernsehen: *Wirtshausmusikanten*) und den Tanngrindler Musikanten

09 / 2010	Auftritt im Herzkasperlzelt auf der ersten historischen Wiesn beim 200. Münchner Oktoberfest zusammen mit Traudi Siferlinger und den Tanngrindler Musikanten
05 / 2011	Auftritt bei der 100. Stadtteilwoche des Münchner Kulturreferates – die Couplet-AG ist damit zum 34. Mal bei einer Stadtteilwoche im großen Zirkuszelt dabei
08 / 2011	*An jedem Eck a Gaudi* – Teilnahme beim ersten Brunnenfest am Münchner Viktualienmarkt (von Jürgen Kirner maßgeblich gestaltet und organisiert)
04 / 2012	Gestaltung der ersten *Glasscherbenviertel-Revue* beim Münchner Künstlerball *Vorstadthochzeit anno 1905* mit Veronika von Quast, Conny Glogger, Gabi Lodermeier, Winfried Frey u. a. (Aufzeichnung durch das Bayerische Fernsehen)
06 / 2012	Mitwirkung bei der Gründung des Valentin-Karlstadt-Fördervereins *Saubande* als Gründungs- und Vorstandsmitglied
10 / 2012	Feierliche Aufnahme der Couplet-AG und Wolfgang Krebs in die Karl-Valentin-Gesellschaft durch Anneliese Kühn und Rosemarie Scheitler-Vielhuber (Enkelin und Urenkelin Karl Valentins)
01 / 2013	Anderl Lipperer kommt für Hans Dettendorfer zur Couplet-AG
06 / 2013	Hommage an Karl Valentin anlässlich seines 131. Geburtstags zusammen mit Alfons Schweiggert auf dem Münchner Viktualienmarkt
08 / 2013	Bernhard Filser übernimmt den Part von Anderl Lipperer als neues Ensemblemitglied der Couplet-AG
10 / 2013	Einstweilige Verfügung durch das Landgericht München I nach einem Live-Auftritt im Bayerischen Fernsehen mit dem Lied *Die Kakerlake Elsa*. Unter Androhung eines Ordnungsgeldes von bis zu 250.000 EUR bzw. 6 Monaten Haft dürfen die Textpassagen über den Herkunftort der einäugigen Kakerlake Elsa nicht mehr in der ursprünglichen Form aufrecht erhalten werden.

Auszeichnungen

- Talenttrepperl des Bayerischen Rundfunks *(April 1995)*
- Tollwood-Förderpreis *(Juli 1995)*
- Publikumspreis bei den 5. Augsburger Kabaretttagen *(April 2001)*
- Ehrung durch Landeshauptstadt München für Verdienste um die Volkskultur *(November 2002)*
- Bayerischer Poetentaler *(November 2004)*
- Bayerischer Kabarettpreis *(Juni 2005)*
- Kulturpreis der Münchner Wochenanzeiger *(November 2008)*
- Ehrung durch Landeshauptstadt München für Verdienste um die Volkskultur *(November 2013)*

Programme

- Gemeinsam sind wir unausstehlich *(November 1993)*
- Und ewig lockt die Weißwurst *(April 1995)*
- Tatort Bayern *(Regie: Gabi Rothmüller / Dezember 1997)*
- Heimat-Report *(Regie: Werner Winkler / März 2000)*
- Endstation Wurmannsquick *(Regie: Hanns Christian Müller / März 2003)*
- Pressack Royal *(Regie: Hanns Christian Müller / Oktober 2003)*
- Brot für Bayern *(Regie: Eva Demmelhuber / November 2006)*
- 15 Jahre Couplet-AG – Das Jubiläumsprogramm *(Regie: Eva Demmelhuber / April 2008)*
- Ab morgen wieder Hirn *(Regie: Eva Demmelhuber / Februar 2010)*
- Perlen für das Volk *(Regie: Eva Demmelhuber / März 2013)*

Diskografie

- Und ewig lockt die Weißwurst *(Oktober 1996 / CD)*
- Tatort Bayern *(Juni 1998 / CD)*
- Heimat-Report *(Dezember 2000 / CD)*
- Endstation Wurmannsquick – 10 Jahre auf Tour *(März 2003 / CD & DVD)*
- Münchner Blut *(März 2004 / CD)*
- Pressack Royal *(Februar 2004 / CD)*
- 15 Jahre Couplet-AG *(September 2008 / CD)*
- 15 Jahre Couplet-AG – live im Schlachthof *(April 2009 / DVD)*
- Ab morgen wieder Hirn *(Oktober 2010 / CD)*
- aus.äpfe.amen – die ersten 20 Jahre *(Mai 2013 / CD)*

Bildverzeichnis